요즘 애들의 내집 마련 프로젝트

우리 집은
어디에

우리 집은 어디에

요즘 애들의
내집 마련
프로젝트

•스테이시 지음•

지식노마드
nomad

프롤로그
'우리 집은 어디에' 프로젝트

퇴근길 전철을 타고 한강 다리를 건너며, 혹은 버스에 고단한 몸을 싣고 집으로 향하며 누구나 한 번쯤 이런 생각을 한다. "저렇게 아파트가 많은데, 저 수많은 집들 중에 우리 집 하나 없단 말인가! 대체 우리 집은 어디에 있을까?"라고 말이다. 이 책은 그런 고민에서 시작한 나의 우리 집 찾기 프로젝트에 관한 좌충우돌의 기록이자, 많은 분들이 궁금해하지만 지금까지 누구도 섣불리 공개적으로 이야기하지 않아 수면 밑에 묻혀 있던 주거 복지 제도에 대한 이야기다.

나는 임대 주택에 살고 있다. 그리고 지난 6년간 이 제도의 혜택을 입었다. 임대주택 이야기라고 해서 지금 책을 손에서 놓으려고 했다면 한 줄만 더 읽어 보시라. 혹시 당신은 4인 가족의 월소득이 900만 원이어도 무주택자에 해당한다면 임대주택 제도를 이용할 수 있다는 사실을 알고 있는가? 아직도 임대주택이 저소득층만을 위한 복지 제도라는 편견에서 벗어나지 못했다면 당신이 '우리 집'을 찾는 일은 더욱 늦어질 수밖에 없다고 생각한다.

나는 앞으로 1년 반만 더 임대주택을 이용할 예정이다. 2년 뒤 퇴거는 희망사항이 아니다. 계획했던 것이 실현되는 것이다. 나는 필요할 때 제도를 이용하고 필요가 다한 후에는 떠날 수 있어야 인생의 주도권이 나에게 있는 것이라고 생각한다. 나는 제도의 수혜, 그 달콤함에 젖어 들지 않으려고 했다. 서울, 그것도 초역세권에 있는 새로 지은 임대 아파트에 당첨되었을 때는 정말 기뻤지만, 거기에서 평생 살 생각은 하지 않았다. 대가를 지불하고 사용하는 사용자라는 인식을 잊지 않기 위해서라도 임대주택 제도 내에서 여러 번 이사를 다녔다.

이 책을 시작하기 전에 솔직히 이야기하고 싶은 것이 하나 있다. 지금까지 내가 임대주택에 일곱 번이나 당첨되고, 현재 다섯 번째 임대주택을 이용하고 있다고 해서 집을 소유하는 것에 관심이 없는 사람이라고 생각한다면 오해라는 것이다. 누가 "너 로또 되면 뭐 할래?"라고 물으면, 나는 주저 없이 답할 것이다. "나? 우리 집 사야지"라고 말이다.

실제로 나는 이 책을 준비하는 중에 민간 분양주택인 신촌 힐스테이트 42형에 당첨이 되었다. 신촌 힐스테이트 42형의 일반 당첨자 최고점은 74점, 평균점은 68.8이었다. 부동산에 관심 있는 분들이라면, 저 점수를 가진 분들의 내공과 나이가 가늠이 가실 것이다. 난 그런 무적 통장은 없었지만, 단 한 가지 무기가 있었다. "우리 집은 이래야 돼"라는 편견을 내버린 태도가 그것이다.

나는 짧다면 짧고 길다면 긴 퇴거 시점을 받아 놓고 있는 임대주택 졸업 예정자다. 나는 대한민국처럼 유동적인 부동산 상황에서 그나마 내가 갖고 있던 씨앗 같은 자산과 혹시라도 깨졌을지 모를 가정을 지키는 데 도움을 준 우리나라의 주거 복지 제도를 사랑한다.

이 제도가 아니었다면 30년 된 구축 아파트에서 매달 10만 원을 월세로 내는 반전세로 신혼을 시작했고, 한동안 70만 원이 월 수입의 거의 전부였던 내가 10년 만에 우리 집 마련 프로젝트에서 성공하는 일은 없었을 것이다.

나는 현재 서초구 반포동에 새로 지은 행복주택에 살고 있다. 내 당첨 내역을 시작하는 이 글에 다 쓸 수는 없지만, 결혼 후 구로구 천왕동과 강서구 마곡동, 그리고 서초구 반포동까지 이사 오게 된 과정을 알게 된다면, 이 책을 읽는 독자 여러분의 '우리 집은 어디에' 프로젝트에도 소소하게나마 도움이 되리라 확신한다.

'우리 집은 어디에'라는 질문을 붙잡고, 인생의 한 고비를 넘고 있는 신혼부부들, 또 가족의 주거를 책임지려는 간절한 마음으로 이 책을 집어 든 엄마 아빠들을 진심으로 응원한다는 말씀을 전하면서 이제 이야기를 시작해볼까 한다.

CONTENTS

CHAPTER 05 근데, 솔직히 나도 집 갖고 싶다

CHAPTER 01

집이 뭐길래?

대한민국에서 제일
복잡미묘한 단어, 집

우리나라 사람들에게 가장 애틋한 단어 하나만 말해보라고 한다면, 아마도 가장 많은 분들이 '집'이라는 단어를 꼽지 않을까? 그만큼 집이라는 단어에는 사랑하는 대상을 향한 마음 비슷한 것이 느껴진다.

처음에 갖고 싶은 집을 보고 설레기 시작한다. 그리고 그 대상에 대한 모든 정보를 모으기 시작한다. 나이(연식), 키(크기), 이름(브랜드) 같은 객관적인 인포메이션부터 이미 겪어봐서 잘 알고 있는 사람들의 평가까지. 그러고는 목표를 정하고 내 것으로 만들기 위해 최선을 다한다. 요즘 말로 영끌(영혼까지 끌어 모아)까지 해보지만 정 안 될 것 같을 때는 지인(은행)의 도움을 받기도 한다.

결국, 그렇게 그 사랑이 내 품에 온다. 그렇게 원하던 것이 내 옆에 있는데, 시간이 지나고 보니 알지 못했던 단점이 보이기 시작한다. 고민 고민하다 헤어지고 난 뒤 더 괜찮다고 생각한 사람과 만나게 된다(갈아타기). 그렇지만, 옛사랑에 대한 기억이 완전히 지워지지는 않아서 계속 근황을 살핀다(팔고 난 뒤에도 계속 가격을 확인한다).

어떤가?

집이라는 대상은 우리나라 사람들에게 거의 사랑의 대상이 되었다고 보아도 무방하다.

얼마 전 부모님이 이사를 하셔야 해서 같이 부동산에 간 적이 있다. 우리 부모님이 매수하게 된 아파트는 그 집 주인에게는 첫 집이었던 모양이다. 집을 우리에게 보여주면서도 내내 글썽글썽하시더니, 계약서를 쓰다가 결국 눈물을 쏟고 마셨다. 자신의 삶에서 많은 부분을 함께했던 집과 이별하기가 그렇게 힘드셨던 모양이다. 그분은 우리 엄마에게 "정말 집이 그리울 때 종종 놀러 와도 될까요?"라고 묻기도 하셨다.

한국인의 희로애락이 그대로 녹아 있는 애증의 한 단어는, 다름 아닌 '집'이다.

이 책을 집어 든 많은 분들은 사랑하는 누군가를 위해 따뜻한 집을 제공해 주고 싶은 간절함이나 책임감을 가진 분일 거라고 나름 추측해본다.

만약 당신에게 "우리 집에 대해 얘기해 보세요"라는 질문을 던진다면 당신은 어떻게 대답할까?

"우리 집에는 엄마, 아빠, 저, 그리고 동생이 살아요."

"저와 아내, 그리고 아이 둘이 살아요."

"우리 집에는 저와 저의 예랑(예비신랑), 둘이 살 거예요."

'우리 집'이라고 하면 아마도 많은 사람들이 이렇게 함께 사는 사람부터 떠올릴 것이다.

솔직히 이 질문을 요즘 초등학생한테 던지면, "우리 집은 래미안이에요" "우리 집은 자이예요" 이런 대답이 나올까 봐 걱정이다.

나는 집의 스펙이나, 가격 혹은 자가와 임대 여부를 모두 떠나서 '우리 집'이라는 말에는 그냥 그 자체만으로도 의미가 담겨 있다는 말을 하고 싶다. 적어도 이 책을 읽기로 작정하신 분들은 가족을 위한 심리적 공간으로서의 집의 의미에 대해 충분히 생각하면서 주거 문제를 풀어가기로 결단하셨으면 좋겠다.

나도 우리 집에 대해 얘기해 보라고 하면 가장 먼저 떠오르는 집이 있다. 그 집은 내 기억 속에 남아 있는 첫 번째 우리 집이다.

1990년대 초, 송파구 방이동 코오롱 아파트 단지 앞에 차가 멈췄다. 아빠는 "저기가 우리 집"이라며 저 멀리 보이는 아파트의 어느 베란다 창문을 가리키셨다. 송파구 방이동에 자가가 있는 4인 가족의 훈훈한 이야기가 지금까지 이어졌다면 나는 이 책을 쓸 기회를 갖지 못했을 것이다.

청약에 당첨되셨는지 P(프리미엄)를 주고 구매하신 건지는 모르겠지만, 확실히 그 당시에는 당장 우리 집이 거기 들어가 살 수 있는 재정 상태는 아니어서 아마 전세입자가 살고 있었던 것 같다. 몇 층이 우리 집인지도 모를 아파트 건물을 멀리서 멀뚱멀뚱 바라보던 나와 동생은 차를 오래 타고 와서 지루할 뿐이었지만, 엄마 아빠는 지금 저 아파트에 들어가 살지는 못하지만 바로 저기에 자신의 이름으로 된 집이 있다는 사실에 감격하셨을 것이다.

　그게 내가 알고 있는 우리 집에 대한 첫 기억이다. 하지만 안타깝게도 나는 그날 이후 한 번도 그 집에 가보지 못했다. 그 집은 친척 분들의 사업에 보증 담보물로 잡혀 있었는데, 설마 친척 분들의 사업이 망할 거라고는 상상도 못했다.

　당시에는 우리처럼 집을 담보로 보증을 섰다가 날리는 일이 정말 흔했다. 그게 무슨 스토리였든지 간에 결론은 그 집을 팔아서 우리 빚이 아닌 빚을 갚아야 했다. 그 집을 팔고도 빚을 다 갚지 못한 아빠는 그 이후로도 20년 동안이나 고생하셨고, 우리도 2년마다 이사를 다녀야 했다.

어린 시절, 나는 이사하는 날이 좋았다. 이삿짐 아저씨들을 구경하고, 특별한 음식인 자장면도 먹을 수 있어서였다. 큰 트럭이 오면 그 차가 마치 내 차인 양 의기양양하기도 했다. 이번에는 어디로 이사를 가지? 하는 설렘에 잠을 못 이루기도 했던 것 같다. 그러나 이사의 대가로 초등 1~2학년은 과천, 3~4학년은 송파, 5학년은 다시 과천, 6학년은 산본으로 학교를 옮겨 다녔다. 이사는 좋았지만 전학은 싫었다.

내가 기억하는 첫 이사가 과천 7단지였던 것뿐이지, 그 전에도 이사를 몇 번이나 다니셨다고 한다. 그러므로 내가 결혼하고 책을 쓰고 있는 이 시점까지 나의 이사 횟수는 14번에 육박하게 되었고, 본의 아니게 정말 다양한 구조의 집에서 가구 배치를 다양하게 옮기며 살아본 경험을 갖게 되었다. 그 결과 내 취미는 '가구 옮겨서 집 구조 바꾸기' 혹은 '집에 맞는 가구 고르기'가 되었다. 나는 어떤 구조의 집이든 버려지는 공간 없이 살려 낼 자신이 있다. 그리고 이삿짐센터 직원 못지않은 날렵한 솜씨로 혼자서 거의 모든 가구를 옮길 수 있다. 물론 피아노와 붙박이 조립장은 어렵지만 말이다.

스웨덴 가구 공룡, 이케아에 입사 지원서를 낸 적이 있다. 그때 나는 수 차례의 이사 경험을 나의 대표적인 장점으로 기술했다. "이사를 많이 다녔어요. 그래서 홈퍼니싱에 당연히 관심이 많았죠." 이 두 가지를 한 번에 표현할 수 있는 단어가 있으니, 바로 '프로 이사러'다! 결론적으로 이케아는 그런 나를 인터뷰 대상자로 선정했고, 결국 일자리를 얻었다.

나는 이런 독특한 캐릭터를 갖게 도와주신 아빠에게 늘 고마운 마음을 갖고 있다. 동생은 아빠가 재테크에 관심이 있었다면 지금 우리 집 형편이 훨씬 나았을 거라고 말하지만, 나는 아빠가 자신의 신념을 잃지 않고 꿋꿋이 살아오신 것 자체만으로도 존경한다. 나에게 넉넉한 환경을 주시진 않으셨지만, 돈으로도 살 수 없는 장점과 근성을 주셨으니 말이다. 실제로 아빠는 베이비붐 세대이고, 기회만 잘 잡았으면 남부럽지 않을 자산을 소유하셨을지도 모른다. 아빠가 공직 생활 30년을 마무리하고 퇴직하시던 때가 되어서야 마침내 우리 가족은 아빠의 퇴직금으로 구로구 신도림에 24평 아파트를 구입할 수 있었다.

그게 내 결혼 전 마지막 이사였다. 그렇게 신도림에 우리 집을 마련하면서 이제 내 인생에 이사는 한동안 없을 줄 알았다. 그런데 나의 이사는 끝이 아니라 이제 시작에 불과했다.

스물일곱 살, 덜컥 결혼을 선언한 나는 새로운 보금자리에서 가정을 꾸리게 되었다. 이제 진짜 우리 집을 찾아 헤매는 본격적인 프로 이사러의 길에 들어서게 된 것이다.

집 없는 남자와
결혼하는 게 어때서?

평생 집 문제로 고생하신 아빠는 집 없는 남자와 결혼하겠다는 나의 무모함에 깜짝 놀라셨다. 하지만 시집도 안 가고 자유로운 영혼으로 부모님께 얹혀살 것 같던 내가 남자 친구를 데려오자 무척 반겨주셨다.

사실 20대 남자가 집을 소유하고 있는 상황이 가능하다는 생각을 결혼 전에 전혀 하지 않았던 나는 연애를 할 때도 남자 친구의 경제적 조건에 대해 고려하지 않았다. 결혼을 앞둔 우리 예비부부는 부족한 신혼집 예산을 이래저래 책정했고, 나는 그 예산 내에서 단 한 가지만 충족하면 좋겠다고 생각했다. 당시 내가 살고 있던 신도림을 떠나지 않는 것이었다.

신도림은 아파트 단지와 다세대 주택, 공장 지대가 공존하는 독특한 지역이다. 과거와 현재, 미래가 뒤섞인 그 사이를 헤집고 다니다 찾은 곳이 바로 신도림 미성아파트(1989년 입주)였다. 우리가 선택한 곳은 오피스텔 하면 딱 떠오르는 원룸형 구조의 15평(37m²)짜리 집으로, 보증금 외에도 매달 별도로 10만 원씩 내는 반전세 계약을 해야 했다.

부동산 아주머니는 "새댁, 몇 달 이체하다가 안 내도 돼"라며 으레 관행적인 얘기를 하셨지만, 그 말을 곧이곧대로 받아들이기에 당시의 나는 너무 순진하고 정직했다. 월세 10만원을 매달 내야 하다니! 그때는 전세 아니면 큰일 나는 줄 알았던 시절이다. 그래서 이 계약을 해야 하나 말아야 하나 엄청 고민했던 기억이 난다. 그래도 여전히 그 가격에 그 정도 집에 살 수 있다는 것에는 감사했다. 그날이 오기 전까지는 말이다.

반전세 기간이 끝나갈 무렵 우리는 보증금을 3,500만 원이나 올려달라는 통보를 받았다. 이를 어쩐다?

CHAPTER 02

악, 현실은 이런 거였어

신혼집과 결혼에 대한
선배의 잔소리

이 책의 독자 중에는 결혼을 준비하는 신혼부부들이 많을 거라 생각한다. 물론 나도 그랬지만, 결혼을 준비할 때는 선배의 절규 같은 조언이 전혀 귀에 들어오지 않기 때문에 이 글을 쓰는 것에 대해 고민을 좀 했다. 그래도 혹시나 귀 기울이는 현명한 후배가 있을까 하여 잔소리 몇 가지 하고 시작하겠다.

내가 결혼을 일찍 한 편이라서 친구와 선배, 친척 들이 신혼집이나 결혼식에 대해 의견을 물어오는 경우가 많다. 그때마다 자신 있게 말한다. 결혼하고 나서 가장 후회하는 것 1위는 바로 이것이라고. '결혼식이나 가구, 신혼여행

등에 돈 쓰지 말고 집에 보탤 걸.'

　그러니 첫째, 진짜 의미 있는 일에 돈을 쓰자. 남는 건 사진이 아니고, 남편과 함께 살 집이다.

　'인생에 한 번뿐인 결혼식인데 뭔들 못 하겠어'라며 주인공 부심을 한껏 부리다 보면 신혼 내내 카드 값 메꾸는 데 매달리게 될 수도 있다. 진짜 챙피하긴 하지만 나는 첫 번째 웨딩 사진이 너무 맘에 안 들어서 웨딩 촬영을 두 번 했다. 아, 진짜 돈 아까웠다. 물론 두 번째 스튜디오에서는 마음에 드는 퀄리티를 얻긴 했지만, 지금은 사진첩을 쳐다보지도 않는다. 심지어 우리 아이들은 그 사진을 보고 누구냐며, 엄마인지도 못 알아볼 정도다. 그러니 안 해도 죽지 않는 것들은 과감히 생략할 필요가 있다. 인생에 한 번뿐인 것은 아주 많다. 시간을 되돌릴 수 있다면 결혼식에 돈을 쏟아 붓는 일은 절대 안 할 것이다.

　둘째, 다른 사람의 의견에 휘둘리면 배가 산으로 간다는 사실을 명심하자. 특히 집을 구할 때는 두 사람의 의견이 가장 중요하다. 1년에 한 번 오실까 말까 하는 부모님들이 살 집이 아니고 둘이 매일 살아야 할 집이기 때문이다. 혹시 부모님께 펀딩을 받는 부분이 있더라도, 각자 집안에 적절히 디펜스를 해줘야 한다. 이 단어를 꼭 기억하라. '디펜스.' 이 책의 모든 부분을 잊어도 좋다. 디펜스는 행복한 결혼 생활에 최대의 자산이 될 단어이다. 서로의 집안에 대한 디펜스는 각자의 몫이다. 디펜스! 신혼집을 결정하는 과정부터 태클이 들어오는데 이를 디펜스하지 못 한다면, 평생 모든 결정을 결재받아야 하는 구조가 될 수 있다. 부부 싸움의 50%가 넘는 영역은 디펜스가 무너진 곳에서 발생한다. 명심, 명심, 또 명심하라. 이제부터 당신이 방어해야 할 측면은 부모님이 아니라 그대의 짝꿍이다. 이것을 헷갈려서 "우리 부모님이 그렇게 말씀하시는 걸 왜 니가 이해 못하는데?"라고 말하는 순간, 방향을 잘못 잡고 자살골 넣는 것이다.

두 사람이 이루는 가정은 독립적이어야 한다. 물론 우리나라는 부모님 도움 없이 가정을 이루는 것이 쉽지 않기 때문에 한 번에 경제적 독립까지 이뤄내기가 쉽지는 않지만, 적어도 경제적, 정서적, 물리적 독립으로 방향을 잡고 가는 것이 맞다고 본다. 절대 한 순간에 되는 일이 아니다. 부모님께서도 자식들 고생하는 것 보는 게 안쓰러워서 다 해주고 싶으시겠지만, 자식들이 자신의 한계까지 발버둥치는 법을 배운 다음에 도와주셔도 늦지 않다. 그리고 혹 도와주지 못하는 상황이어도 너무 미안해하시거나 슬퍼하지 않으셨으면 좋겠다. 지금까지 건강하게 잘 길러주셨으니 말이다. (이 책에는 자녀들이 스스로 주거 문제를 해결해

나갈 팁이 담겨 있으니, "이 책 한번 읽어 봐" 하고 권하시는 것도 좋겠다.)

그리고 집을 구할 때는 예신들도 착한 결정 말고 현명한 결정을 해야 한다. '우리 예랑이 힘들게 일하는데, 내가 좀 더 고생하면 되지' 하는 생각은 아직 임신하지 않았거나 집안일 돌보지 않을 때나 할 수 있다.

셋째, 눈높이를 낮춰라. 그리고 다음 단계를 생각한 결정을 해야 한다. 정말 많은 분들께 해 드린 조언이지만, 절대 안 듣다가 꼭 나중에 후회한다고 말한다. 아마 결혼 시작부터 집을 사서 시작할 정도면 굳이 이 책을 읽고 있지 않을 것 같으니, 전월세로 시작하는 집이 있다고 가정해보자.

이 집은 우리 부부가 영원히, 혹은 꽤 오래 살 집이 아니다. 아마 첫째 아이가 태어나기 전까지 살 가능성이 높다. 더군다나 2년이라는 전월세 한 텀 내에 아이를 낳을 계획이 없다면, 무리해서 전세자금대출을 많이 받는 것보다는 오피스텔에 사는 것도 한 방법이다. 무조건 오피스텔 월세보다 아파트 전세가 상위개념이라는 식의 고정관념도 내려놓으셨으면 좋겠다. 집은 이 책의 전제 조건처럼 우리 가족에게 현재 맞는 주거형태로서의 거주지여야 의미가 있는 것이다.

"우리 예랑이 컴퓨터 놓을 서재도 필요하고, 내 옷방도 필요해서 방이 3개는 있어야 해"라고 말하는 예신에게 이건 정말 사치스러운 생각이라고 말한다면 내가 너무 잔인할 걸까?

진심으로 조언하지만 돈이 넘쳐서 아무 집이나 고를 형편이 아니라면, 견딜 수 있을 만큼 작은 집에서 시작하는 게 좋다. 방 3개가 꼭 필요한 집은 아이 성별이 다른 세 자녀가 있는 가구 정도다. 냉정히 말해서 신혼부부에게 방 3개짜리 집은 불필요하다.

나는 여러분을 좌절시키려고 이 글을 쓰고 있는 것이 아니라 장기적 관점에서 다음 스텝을 고려하라고 말하고 있는 것이다. 처음 들어가는 금액은 같을지라도, 더 넓은 집은 유지비도 더 들게 된다. 그리고 무엇보다도 넓은 집에서 시작하면 더 많은 가구나 물건 등을 갖추고 시작할 수밖에 없다. 신혼 때는 아무 가구나 사는 게 아니라 좋은 가구를 사게 되지 않는가, 그러면 당신은 다음번 이사에도 이전 집 정도의 크기 혹은 더 큰 집을 찾아야 한다. 살림을 점점 늘려가는 기쁨과 뿌듯함을 포기한 대가로, 살던 집의 크기를 줄여야 할 때 오는 상실감에 젖은 분들을 많이 보았다.

그러므로 둘만 살 때는 출퇴근 편하고 빌트인 되어 있는 작은 오피스텔에 살고, 가구 살 돈도 향후 집 마련을 위해 아껴 놓으시길 추천드린다. 그리고 이건 비밀 아닌 비밀인데, 아이를 낳게 되면 신혼 때 장만한 가구는 쓸모없어지는 경우가 너무 많다. 우리 집만 해도 냉장고, 세탁기 외에는 다 버렸다. 빌트인 오피스텔에 살다가 아이를 낳고 난 후 아이를 위한 집에 이사를 하면서 가구를 구매하는 것이 가장 좋은 방법인데, 아무리 이렇게 간절히 말해도 결혼을 준비할 때는 정말로 귀에 들어오지 않을 얘기라는 것을 나도 안다. 그래도 견딜 수 있을 만큼 작은 집에 살면서 다음 스텝을 준비하라는 말을 꼭 하고 싶다.

그럼, 다시 나의 월세 10만원 반전세 신혼집 이야기로 돌아가 보도록 하자.

월세 10만원을 내더라도 우리 부부가 들어가 살 수 있는 집이 있다는 사실에 감사했던 것도 잠시, 이사하고 얼마 지나지 않아 우리의 현실을 피부로 느끼게 되었다.

구매하면 추첨을 통해 이승기가 축가를 불러준다던 냉장고가 우리 집에 들어온 날이었다. 이승기가 축가를 불러주면, 아무래도 남편보다 멋질 것 같아서 신청하면 안 되겠는데 하는 농담을 하고 있을 때 문제의 냉장고가 등장했다. 기사님들이 박스 포장을 장렬하게 하나씩 제거하자 엄청난 떡대의 냉장고가 모습을 드러냈다.

신혼 가구는 거의 다 엄마의 취향대로 구했다. 처음에

는 내 의견을 반영하려고 시도하다가 그냥 웬만한 건 엄마가 선택하시게 놔두었다. 첫딸의 결혼은 엄마의 로망이라고들 하는데, 엄마가 해 보지 못했던 것을 해주고 싶은 마음이 컸기 때문이다.

그런데 두둥! 그 냉장고님은 들어갈 자리보다 2센티미터가 컸다. 그래서 이곳저곳 계속 자리를 옮겨 보다가 귀가 예민하신 남편 덕에 결국 하나뿐인 방 안에 넣어야 했다. 방문을 뜯고 냉장고 문을 분리하고, 난리를 치면서 방에 넣어 놓은 뒤, 우리는 주방 겸 거실에서 생활을 했다.

이것이 나와 구축 아파트의 첫 인연이었다.

사실 구축 아파트는 삶의 편의성에 있어 신축 혹은 비교적 신축인 아파트에 비해 불편한 것이 사실이다. 하지만 위에서 내가 말한 부분은 전면적인 리모델링을 한다면 문제가 안 될지도 모르겠다. 구축의 가장 큰 불편한 점은 주차장 문제일 때가 많다. 지하 주차장이 없다는 것은 무엇을 뜻할까? 당신의 상상에 맡기겠다.

목동에 사는 지인 집에 놀러갔다가 주차장에서 사소한 사고를 겪은 적이 있다. 목동의 구축 아파트 주차장은 차들이 엄청나게 빼곡하게 주차되어 있었고, 2중 주차는 기본이었다. 차들은 왜 또 이렇게 비싼 것들만 서 있는지. 주차 공간을 만들기 위해 다른 차를 살짝 밀었는데, 그곳에 약간 경사가 있었는지 차가 뒤로 계속 굴러가는 것이었다. 근데 띠용 그 뒤에 서 있는 차가 하필 엄청 비싼 차였다. 그제서야 왜 바퀴 옆에 벽돌이 있지 하며 치웠던 것의 의미를 깨달았지만, 너무 늦었다는 생각에 순간적으로 바퀴를 내 다리로 막아보려 했다. 그러나 바퀴는 내 발을 타고 넘어가서 뒤차를 향했다. 다행히 어느 지점인가에서 차가 멈추긴 했다. 정말 목동은 살기 좋은 곳이고 그 아파트도 우리 집보다 훨씬 많은 돈을 내야 살 수 있는 곳이었지만, 그런 사고를 한 번 겪으면서 몸까지 다치고 나니 이런 데 꼭 살아야 하나 하는 생각이 들었다.

우리는 이와 비슷한 경험을 미성아파트에서도 했다. 주차할 때마다 자리를 찾느라 늘 10분 이상 단지 안을 돌아다녀야 했고, 주차 라인도 사선으로 그어져 있어서 아무리 연습을 해도 내 실력으로는 주차를 할 수 없었다. 게다가 우리 차는 아주 오래된 가스 차라서 한창 추울 때 밖에 세워 두면 엔진이 어는 일도 생겼다. 얼어 있는 엔진을 깨우다 보면 새 소리 같은 소음이 계속 나서 혹시 엔진이 터지지는 않을까 늘 불안해했다. 어떤 날은 애를 태우고 가는데 몇백 미터도 못 가서 차가 멈추는 바람에 길 가운데에 차를 세워두고 남편이 집으로 달려가 뜨거운 물을 가져와서 엔진에 부었던 에피소드도 있다. 그래도 이건 양반이다. 비 오는 날은 비랑 같이 울고 싶은 마음이 절로 든다.

실로 애증의 구축 아파트였다. 그 뒤로도 나는 여전히 그 가격에 그 정도 집에서 살 수 있다는 것에 감사했지만, 다음번에 이사를 간다면 꼭! 지하 주차장이 있는 곳으로 가리라 다짐해 보았다. 상상은 자유니까! 그런 곳에 가는 날이 오기는 할까? 한 달에 얼마를 모아야 좀 더 나은 환경에서 살 수 있을까?

당신의 가계부에는 저축이라는 항목이 있는가? 물론 나도 가계부를 쓰려고 몇 번이나 노력해 보았다. 요즈음에는 카드를 쓰는 즉시 앱으로 정보가 가서 기계가 대신 써주는 가계부도 있다는데 결국 쓰지 못하고 있다. 재테크책을 보면 일단 가계부를 쓰면서 소비 지출을 파악하라는데, 매달 카드를 쓰고 다음 달 고지서를 받아 보면 의도하지 않아도 매달 비슷한 곳에 비슷한 돈을 쓰고 있다는 걸알 수 있다. 이건 뭐 가계부를 안 쓰려는 내 변명일 수 있으나, 어쨌든 숫자는 보기만 해도 어지러운 나이기에 가계부라는 또 다른 짐은 스킵하려고 한다.

처음에는 모두 나와 같은 마음을 먹을 것이다. '다음 달 카드 값은 이것보다 적게 나오도록 아껴 써야지'라고 말이다. 그런데 더 안 나오면 다행이지, 카드 값이 줄어드는 그런 환상적인 일은 잘 일어나지 않는다. 우리 가정에 맞는 경제 상황을 만드는 것에는 두 가지 방법이 있다. '아껴야지, 아껴야지, 아끼는 방법이 있을 거야'라고 나를 쪼아대는 것과, '벌어야지, 벌어야지, 더 벌어서 메꿔야지' 하며 노력하는 것이다. 두 가지 다 맞는 말이다. 하지만 아껴서 모을 수 있는 돈에는 한계가 있고, 벌어서 모으더라도 구멍이 있는 것이 사실이다.

이 책을 읽는 분들 중에는 아직 아이가 없는 맞벌이라서 한 달에 50만 원, 100만 원, 200만 원씩 적금을 넣을 수 있는 분들도 있겠지만, 어차피 여러분도 아이를 낳고 잠정적 외벌이가 될 가능성이 있으니 그 기준으로 말해 보겠다.

옛 어른들 말씀 중에 "아이 없을 때가 돈 모을 수 있는 가장 좋은 시기야"라는 게 있는데 백 번 이야기해도 맞는 말이다. 내가 필요한 것은 안 쓰려면 안 쓰고도 사는데, 아이와 관련된 것은 브레이크가 거의 먹통이기 때문이다. 그러므로 외벌이든 맞벌이든 아이를 낳고 나서는 저축액도 줄어들 수밖에 없고, 그에 따라 목표를 낮춰야 하는 것도 맞다.

가끔 부동산 카페에서 "애 키우며 월급 저축해서 3년에 1억 모았어요" 이런 얘기 보면서 자괴감 갖지 않으셨으면 좋겠다. 아주아주 극히 드문 케이스니까 말이다. 대기업 맞벌이도 저렇게 하기는 불가능에 가깝다. 그렇다면 우리는 한 달에 얼마나 저축해야 현재보다 조금 더 나은 주거 환경을 꿈꿔 볼 수 있을까?

내 대답은 매달 10만 원이다. 아니, 최소 2만원도 가능하다. "2만 원이면 1년을 모아도 24만 원인데, 그걸로 어떻게 주거 환경을 개선할 수 있죠?"라는 질문이 따라올 것이다.

솔직히 저축이라는 단어가 딴 세상 이야기 같고, 매달 마이너스만 면하자는 마음으로 살고 있는 나를 포함한 이 나라의 많은 사람들에게 "한 달에 30만 원씩 저축하세요"라고 재테크 어드바이스를 하는 건 고문이다. 마음만 무거워질 뿐이다.

실제로 남편이 첫 직장에 다니면서 복리 적금 보험이라고 한 달에 30만 원씩 내는 걸 덜컥 들어왔다. 몇십 년을 가지고 있으면 몇 억이 된다나 뭐라나. 몇 달 내다 보니 영유아 2명을 키우는 중소기업 외벌이가 낼 수 있는 금액이 아니라는 결론이 났다. 그러나 남편은 저축은 필요하다면서 막무가내였다.

그렇게 1년을 내고 나서 도저히 안 될 것 같아 해지하려고 전화를 했더니, 계약 유지를 위해 들었던 설계비

200만 원을 공제하고 100만 원만 환급이 된다고 했다. 원금 손실 없이 찾으려면 7년을 더 부어야 한단다. 물론 이런 내용이 약관에 나와 있었겠지. 우리는 수업료라고 생각하며 200만 원을 버리고 해지하기로 했다. 물론 200만 원은 큰돈이지만, 그 뒤로 더 확실히 깨달았다. 세상에 공짜는 없고, 쉽게 더 준다는 말은 믿으면 안 된다는 것을.

사실 내가 아까 2만 원을 저축하라는 말은 아무 통장에나 매달 2만 원씩 넣으라는 것이 아니다. 많이들 알고 계시지만, 바로 청약통장에 넣으라는 이야기이다.

앞에서 남편의 직장이 중소기업이라고 했지만, 그것도 우리가 결혼하고 한참 뒤의 일이다. 신혼 시절에는 외벌이라는 표현도 과분했다. 다 설명할 순 없지만 남편은 생소한 분야에 종사하고 있어서 한 달에 100만 원 미만을 벌고 있었다. 부모님과 살 때도 그렇게 넉넉한 편은 아니었지만, 이렇게 상대적인 빈곤을 체감한 것은 처음이었다.

이런 상황을 디테일하게 모르고 있던 엄마가 어느 날 저축은 하고 있냐고 물으셨다. 허허허, 헛웃음만 짓는 나를 보고 엄마는 가난할수록 저축을 해야 한다며, 남편 명의로 주택청약저축을 가입해 주셨다. 뭔지도 잘 모르고 받았는데, 그 통장은 돈을 뺄 수 없는 통장이란다. 당분간 엄마가 10만 원씩 적선해준다니 그저 고맙습니다 했을 따름이다. 그리고 얼마 후, 반전세 계약의 끝이 보이던 때 하필 전세 시세는 폭등하고 있었다. 당시에는 재계약할 때 500만 ~1,000만 원 정도 올려주는 것이 관행이었는데, 우리 계약이 끝나던 무렵에는 3,000만~4,000만 원이 오르는 분위기였다. 지금 보면 우습겠지만 그땐 말세인 줄 알았다.

사실 이런 단어를 쉽게 쓰고 싶지 않아서, 이 장의 제목을 정하는 마지막 순간까지도 고민했다. 지금까지 내가 쓴 글을 읽으면서 '뭐 딱히 그렇게 힘들게 살지는 않았네' 할 수도 있다는 것을 알고 있다. 우리 아빠가 공무원이었다고 하면 다들 "무난히 잘 살았겠네"라고 말하겠지만, 나는 우리가 절대적으로 어려운 형편인 줄 알고 살았었다.

우리는 늘 전셋집에서 쫓겨 나가는 이사를 했고, 엄마는 늘 다음 달 카드 값 펑크에 대해 걱정하셨다. 나중에 커서 보니 내가 어려웠다고 생각했던 과거보다 훨씬 더 힘겹게 살아가는 분들이 많다는 것을 알게 되었다. 그러나 결혼하고 나서 새롭게 이룬 우리의 가정은 내가 상상하는 가난이 무엇이든 간에 그것보다 더 어려웠다.

첫째 아이가 태어나고 반전세 기간이 끝나가고 있었고, 이 집에 계속 거주할 수 있는지가 점점 불확실해졌다. 부동산에 시세를 물었더니 처음 반전세 보증금보다 3,500만 원은 올려줘야 한다고 했다. 그때, 용감하게 동사무소를 찾아갔다. 당시 사회적 분위기는 복지 제도는 장애인이나 기초생활수급자만 해당하는 것이라고 으레 생각하던 때였는데, 혹시 지금 내가 기초생활수급자에 해당하지 않을까 하는 생각에 그런 기운이 어디서 났을까 싶을 만큼 엄청난 용기를 내어 동사무소로 향했던 것이다.

신혼 초 남편의 수입은 한 달에 70만 원이 될까 말까 했다. 언제쯤이면 좀 더 나아질 것이라는 말도 한 마디 못하는 남편이 점점 미워지고 있었다. 결혼한 지 몇 달 지나지 않아, 남편은 분야를 바꿔서 일해 보겠다고 했다. 그때 우리에게는 결혼 후 곧 찾아온 아이가 있었다. 물론 그때는 남편이 분야를 바꾸는 것에 강한 반대도 못했지만, 그렇다고 격하게 응원해줄 만한 마음도 있지 않았다. 그런 상황에서도 절박한 마음에, 만삭인 상태로 SSAT를 보러 갔던 기억이 난다. 면접까지 간다면 아이를 낳고도 다닐 수 있다고 우겨봐야겠다는 소설을 쓰면서 말이다.

그렇게 첫째 임신 기간은 온통 회색빛이었다. 아이를 위해 준비할 것도 많다는데, 나는 내 힘으로 아무것도 살 수 없었다. 뭘 준비하는 것을 넘어서 과자 하나 마음 놓고 사 먹을 수 없었다. 월세 10만 원, 관리비 10만 원, 통신비, 교통비 등 늘 들어가는 기본 비용을 제하면, 우리의 식비는 당신이 상상하는 그 이상으로 적었다. 빵을 좋아해서 빵순이라는 별명이 있던 나는 임신 중에 빵이 그렇게 먹고 싶어서, 마트에서 파는 제일 싼 토스트용 싸구려 식빵을 사서 두고두고 먹기도 했다. 복숭아도 참 먹고 싶었는데 누가 사준다고 해서 딱 한 번 먹었다. 임신 기간 내내 아이를 만날 설렘도 한 번 갖지 못했다. 내가 잘 먹지 못해서 아이가 작은 건 아닐까, 남들은 다 준비하는 아기용품이 없어서 아이한테 미안하지 않을까 별 생각을 다 하면서 그냥 침대에 누워서만 지냈던 기억이 난다.

　　사실 그렇게 만나게 된 첫째를 오랫동안 예뻐하지 못했던 것도 사실이다. 신기하기는 했지만 사랑스럽다거나 하는 마음을 꽤 오랜 기간 갖지 못했다. 게다가 그 녀석은 남편이랑 똑같이 생긴 미니미였다.

　　더 처절했던 건 시부모님도 부모님도 우리가 넉넉하지 않다는 것은 알고 계셨지만, 한 달에 그 정도 금액으로 근근이 생활하고 있다는 것까지는 모르셨다. 마음 아파하실 것 같아서 말할 수가 없었다. 무언가 꼭 먹고 싶은 게 있거나 필요한 게 있을 때마다 은근슬쩍 엄마나 동생한테 이야기해서 아닌 듯 얻어먹어야 하는 내 심정은 정말 어디서나 눈칫밥을 먹고 있는 상태였다. 그래도 양가에서 첫째로 태어난 아이이기에 많은 선물과 지원을 해주셔서 간신히 굶기지 않고 길렀던 것 같다.

나는 먹는 것도 없는데, 모유가 콸콸 나와서 눈물이 났다. 만약 이 아이가 분유만 찾는 아이였다면, 정말 분유를 훔치고 싶은 마음이 들었을 것 같다. 아이가 태어나고 좀 자라자 의사는 영양이 부족하다며 매일 이유식에 소고기를 넣어 먹이라고 했다. 매일이라는 말에 또 눈물이 났다. 아이는 매일 주는 쌀죽에 익숙해져서인지, 이후로도 다른 반찬이 있어도 밥만 먹는 아이로 자랐다. 어른들은 주걱에서 밥알을 떼어 먹는 아이를 보면서 귀엽다고 웃으셨지만 나는 너무 슬펐다.

첫째를 키우면서 겨울 내복이라는 것이 있다는 사실조차 알지 못했다. 아주 나중에 둘째를 키우면서 그 사실을 알게 되어 첫째에게 괜시리 미안해졌다. 정말 아무것도 내 자력으로 해줄 수 있는 것이 없는 무늬만 엄마였다.

남편은 함께 있는 시간에는 육아를 도맡아 해주었지만, 함께 있는 시간은 손에 꼽을 만큼 적었다. 나는 새벽형 인간이라 9시에 잠들어서 4시쯤 일어나는 패턴으로 30년을 살았는데, 아이 아빠는 늘 밤 11시나 되어야 집에 들어왔다. 아이를 돌보던 나는 9시쯤 되면 넌 왜 잠이 안 드니 하고 아이에게 마구 화를 내다가 먼저 잠들곤 했다. 아이는 그때부터 엄마가 자도 혼자 놀다 잠드는 것에 익숙해졌다. 어느 날 또 내가 먼저 뻗었는데, 잠든 이후 아이가 응아를 했었나 보다. 밤에 다시 깨 보니 아이 아빠는 아직도 안 와 있고, 아이는 나를 깨우지도 못하고 응가를 한 채로 잠들어 있었다. 정말 너무 서러웠다. 안 그래도 가장 저렴한 기저귀를 쓰고 있는데, 아이 엉덩이가 빨개진 걸 보니 미안함에 몸서리쳐졌다.

싱글 때처럼, 스타벅스 아이스 카라멜 마끼아또 엑스트라 카라멜 드리즐을 한 잔 딱 마시면 스트레스라도 풀릴 것 같은데, 이제 스타벅스에 가도 어색해서 주문을 못 할 것 같다는 생각까지 들었다. 육아 스트레스만으로도 미치는 일이 자주 생기는데, 가난한 엄마의 육아 스트레스는 정말 죽는 것이 낫겠다는 생각이 들 정도였다.

오늘은 집을 나가야지, 다 버리고 떠나야지 했다가도 잠든 아이를 보면 나의 젖이 유일한 생명줄인 너를 두고 어디를 갈 수 있겠니 하면서 번번이 제자리로 돌아오고 말았다. 남편과 헤어지고 싶다고 수없이 생각했지만, 남편 얼굴을 똑 닮은 이 아이만 데려가서 남편 신경쓰지 않고 키울 자신도 없었다.

그래서 살아보자 살아보자 하늘이 무너져도 솟아 날

구멍은 있다고 했다 하면서 그날 동사무소에 찾아간 것이었다. 문 앞에서부터 부들부들 떨렸다. 혹시 여기서도 실마리를 찾지 못하면 어떡하지 하는 두려움도 들었지만, 나의 이런 처절함을 부모님께 보이는 불효를 저지를 수 없으니 챙피를 당해도 여기서 당하는 게 낫다고 마음을 다독였다.

내 평생 마음에 짐이 있다면, 한 번도 아빠에게 자랑스러운 딸이었던 적이 없었다는 것이다. 간신히 공부에 재미 붙여서 홍익대 서울캠퍼스 경영학과에 정말 턱걸이로 들어가놓고 첫 번째 학기에 학사 경고를 받고 말았다. 그도 그럴 것이 수학 과목인 경영경제 수학과 회계원리를 따라갈 수 없었기 때문이다. 아빠는 화를 많이 내셨다. 그때 깨달았다. 아빠가 내 학비를 내주려고 대출을 받으셨다는 사실을 말이다. 아빠는 자신의 대출금도 있으면서, 나에게 학자금대출 받으라는 소리도 안 하시고 또 빚을 내신 거였다. 그렇게 어렵게 내주신 돈을 나는 학고로 날려버린 것이었다. 그때는 정말 세상에서 내가 제일 쓸모없는 자식이 된 것 같았다. 학고를 맞아서가 아니라 아빠의 마음을 아프게 해서 말이다.

나는 경영학과 수학을 도저히 못 따라갈 것 같다는 판단에 대학생 신분으로 다시 수시에 도전했다. 고등학교 때부터 가고 싶었던 한양대 안산캠퍼스 광고학부를 포함해 5군데에 원서를 썼는데, 그중 한 곳에서만 합격 문자를 받았다. 한국예술종합학교였다. 좀 괴짜 같은 소리일 수 있겠지만, 내가 한예종을 지원한 가장 큰 이유는 학비가 싼 국립 학교에 가면 조금이라도 아빠의 부담을 덜어드릴 수 있을 것 같아서였다. 그만큼 아빠에게 미안한 마음을 늘 갖고 살았던 탓에 이런 경제적 어려움을 겪고 있어도 도와줄 수 있는지 그 굶주리는 몇 년 동안 한 번도 이야기하지 못했다.

그날, 동사무소에서 복지 담당 직원을 만났다.

"지금 저희 집 소득이 많이 적은 편인데, 도움 받을 수 있는 제도가 있을까요?"
"남편이 얼마나 버시는 데요?"
"70 정도요."
"장애인이세요? 다른 문제가 있어요?"
"아닌데요."
"집은 자가 아니죠?"
"네."
"양가 부모님은 못 도와주세요? 그분들은 집 없어요?"

한참 동안 동사무소에 있는 모든 사람이 들을 수 있는 자리에 서서 취조를 당했다. 내 얼굴은 점점 붉어졌고 목소리도 떨려서 대답할 용기를 잃어갔다. 상담 결과 양가 부모님이 자가 소유자이면, 그들이 부양할 수 있기 때문에 우리는 국가에서 받을 수 있는 것이 없단다.

그날 집에 오는 길에, 아기 띠 안에서 자는 아기를 보면서 숨죽여 울었다.

"아가야, 미안해."

다시 미성아파트로 돌아와서 앞으로 아이랑 어떻게 살아야 할지 막막해서 엉엉 울었다. 그때 프뢰벨에서 책을 사라는 문자가 와서, 저 정말 너무 가난해서 책을 살 수 없으니 이런 문자 보내지 않으셨으면 좋겠다고 답장을 썼던 기억이 난다. 받는 사람이야 얘는 뭐야 싶었겠지만, 정말 내마음을 토로할 데가 한 군데도 없었다. 나중에 돈을 벌게된다면, 꼭 우리 아이에게 책을 사줄거야 라는 생각을 하며 자고 있는 아이를 보면서 소리 없이 울었던 하루였다.

복지,
혹시 나도 해당이 될까?

세상에는 여러 이유로 도움이 필요한 분들이 있다. 영구적인 도움이 필요한 분도 있고, 짧은 기간 도움을 받아야 할 가정도 있다. 부모 둘이 뭐라도 하면 굶어 죽지는 않는 세상이라고는 하지만, 모든 것이 생각대로만 굴러가지는 않으니까 말이다. 이 지점을 이해하려면 고정관념을 버리는 것이 필요하다. 나는 복지의 필요성을 역설하고 싶은 것이 아니다. 오히려 복지를 받고자 하는 사람들의 태도에 대해 말하고 싶다.

복지는 일단 적극적으로 찾아 먹으려는 태도를 가지고 하이에나처럼 사냥해야 하는 곳에 숨어 있다고 말해도 과언이 아니다. 절대로 "너, 지금 어렵지? 도와줄게"라는 식으로 진행되지 않는다. 요즘은 행정도 많이 변하고 있어서 '해당 복지 대상자입니다' 이런 안내문도 오고 있긴 하지만, 기본적으로 "저 지금 도움이 필요한 상태예요"라고 인정하고 자존심을 내려놓아야 시작될 수 있다. 자존심을 지키느라 내 아이가 굶는 것을 볼 부모는 아무도 없을 것이다. 그렇지만, 내가 이야기하고 싶은 중요 포인트는 자존심을 내려놓으라는 거지 자존심을 버리라는 이야기가 아니다.

많은 사람들이 복지 제도의 수혜를 입으면 처음에는 급한 불을 끈 것 같아서 감사한 마음을 갖지만, 점점 익숙해지면 말 그대로 타성에 젖어서 그 도움을 당연한 것으로 여기고 발전할 생각을 하지 않는 경우가 많다. 이 지점은 정말 위험하다. 개인에게도 사회에게도 말이다.

복지는 모두 알다시피 세금으로 진행이 되고, 재원은 언제나 한정적이다. 그런데 도움을 받던 사람이 형편이 나아졌는데도 졸업하지 않고 계속 혜택을 받으려 한다면, 그 세금이 들어간 경제적 사회적 효과도 얻지 못하고, 새로운 도움이 필요한 사람도 그 도움을 얻지 못하는 상황이 지속되고 만다. 그러므로 영구적인 도움이 필요한 특별한 케이스 외에 복지라는 지붕 안에 들어와 계신 분들은 폭우가 그치고 소나기 정도만 오고 있다고 판단될 때에는 과감하게 벗어나야 한다. 말 그대로 처음부터 자립해야겠다는 의지와 방향성을 갖고, 복지에 승선해야 한다.

바로 다음 장부터 본격적으로 임대주택 이야기를 시작할 것이다. 그에 앞서 필수적으로 알아야 할 전제로 이 이야기를 한 것이다. 사실 타성에 젖지 말라는 이야기, 초심을 잃지 말라는 이야기는 가장 마지막 부분에 썼었다. 그러나 복지의 일환으로 볼 수 있는 임대주택 제도에 대한 강력한 동기부여를 갖게 하기 전에 예방 주사를 놓고 싶은 노파심에 먼저 이야기한 것이니 이해해주길 바란다.

같은 동네에 사는 언니가 둘째를 임신했다고 해서 언니 집
에 놀러가기로 했다. 언니의 집은 신도림동 뒤편 공장 지대
사이에 있는 다세대 주택 2층이었다. 언니의 첫째는 예쁜
남자 아기였다. 그 아기가 돌이 안 된 것 같아 보였는데, 벌
써 둘째를 가졌다니 신기했다. 조금 빠른 것 아닌가 생각
하면서 의아해할 때, 언니는 곧 이사를 간다고 했다.

"어머 어디로 가세요?"

"응, 천왕이라고."

"네? 천안이요?"

"아니, 서울 구로구 천왕동에 시프트가 됐어."

"네? 시프트요?"

언니 말로는 20년 동안 거주가 보장되는 장기전세 임대주택을 '시프트'라고 부르는데, 신혼부부 3년 이내 2자녀면 당첨이 가능하다고 했다. 그래서 서둘러서 둘째를 갖게 되었다고 했다. '그런 이유로 아이를 갖기도 하는 구나' 하는 컬쳐 쇼크가 있긴 했지만, 새로 짓고 있는 아파트에 입주한다니 부러울 따름이었다. 언니는 남편이 연상이라 나이가 있는 편이었는데, 그런 제도에서는 나이가 많을수록 유리하다고도 했다.

음, 언니의 이야기를 듣고 우리도 혹시 해당이 될까 싶어 따져보았다. 나랑 남편은 동갑이고, 그때 둘 다 스물여덟 살이었다. 한 마디로 그 당시 신혼부부치고는 정말 어린 편이었다. 아주 가끔 90년생이예요, 결혼했어요, 이런 친구들 빼고는 꼬마 신랑신부 축에 속했다. 물론 우리도 아직 결혼 3년 이내였지만, 그때의 처절한 경제적 상황을 돌아보면 둘째는커녕 이 결혼을 지탱해 나가야 하는지 매일매일 의문을 품던 시기였다.

매일 아침 눈을 떠도 돌파구가 전혀 보이지 않던 그때, 나는 아이가 젖을 끊을 때가 다가오자 주 2회 알바를 시작했다. 하루는 시댁, 하루는 친정에 아이를 데려다 놓고 코엑스 무역센터까지 만원 전철을 타고 출퇴근을 시작했다. 첫날 다녀왔더니, 아기가 아무것도 안 먹고 하루 종일 쫄쫄 굶었단다. 나를 보자마자 이글거리는 눈빛으로 모유를 먹기 시작하는데, 아직도 그 눈빛이 잊히지 않는다. '내 밥줄 어디 갔던 거야'라는 서러운 눈빛. 그렇게 젖을 다 끊지 못한 아이를 두고 가끔이지만 일터에 가는 것이 그래도 내가 해볼 수 있는 아주 작은 발버둥이었다.

그날 이후로 언니가 말해준 SH 공사 홈페이지를 즐겨 찾기 해놓고 오가는 출퇴근길에 '뭔가 나오는 것 없나' 하고 들여다보는 것이 내 일과가 되었다. 남편은 자기 길을 고집하느라 내가 뭘 하든 신경쓰지도 않았고, 내 노력에 공감하거나 도와준다는 말도 하지 않았다. 그래서 혼자 마지막 발버둥을 해보기로 했다. 그때가 연말이었는데, 내년 말까지 어떤 변화가 없다면 정말 헤어지는 수밖에 없다고 혼자 다짐까지 했다.

앞에서도 잠깐 얘기했지만, 둘이 살 때는 최대한 작은 곳에서 시작하는 것이 좋다. 솔직히 원룸형 오피스텔에 거주하는 것도 이제 막 가정을 이루려는 젊은이들에게는 녹록치 않은 비용을 지불해야 하는 일이기도 하다. 앞에서 최대한 작은 집에서 시작하라는 물리적 이유에 대해 얘기했었는데, 지금부터는 그 경제적 이유도 생각해보자.

회사에 다니는 두 사람이 가정을 이루려고 한다. 만약 당신이 임대주택 제도를 이용해 신혼집을 얻으려는 의사가 있다면 두 사람의 월 평균소득의 합은 500만 원 미만일 가능성이 크다. 혼자서 500만 원 버는 분들도 심심치 않게 있는 걸로 알고 있지만, 많은 통계 자료들은 현재 대한민국에서 한 달에 200만 원도 못 버는 직장인이 절반이라고 이야기하고 있다. 이러한 월 수입의 제약 속에서 가정을 꾸리고 본격적인 현실이 시작되면, 숨쉬는 것 빼고는 다 돈이라는 사실을 곧 깨닫는다. 그동안 부모님이 제공해 주셔서 알지 못했을 뿐이지, 한 가정이 굴러가는 데는 생각보다 훨씬 큰 고정비용이 요구된다는 것을.

여기서 정말 경각심을 가져야 할 부분이 있는데, 이 책을 읽고 다시 중고로 되팔 생각이 아니라면 이 페이지에 빨간 별을 다섯 개 정도 그려 놓으셨으면 좋겠다.

예를 들어 두 사람의 맞벌이 월급의 합이 500만 원이라고 가정했을 때 매달 고정비용은 어느 정도가 적당할까? 물론 전세자금대출 이자 등이 얼마나 나가느냐에 따라 다르겠지만, 공과금, 통신비, 식비, 카드 값 등을 다 포함해서 월 수입의 50%를 넘지 않게 설정하는 것이 좋다. 즉, 월급이 들어오고 은행과 카드 회사로 다 빠져나가고 난 뒤에도 통장에 적어도 절반이 아직 남아 있다면 당신은 재정 관리를 훌륭히 하고 있다는 뜻이다.

내가 하고 싶은 말은 이런 가정이나 노력도 아이가 생기기 전에만 가능하다는 것이다. 최대한 현실적으로 말하면 아이가 없을 때, 매달 100만 원을 저금할 정도의 여유가 안 생긴다면 그 가정의 재정은 아이가 생기면 마이너스가 될 가능성이 크다.

내가 여기서 100만 원을 말하는 것은 둘이 합쳐 버는 돈이 300만 원일지라도 100만 원을 남길 수 있는 내공을 지금부터 길러야 한다는 뜻이다. "500만 원 버는 집은 100만 원 저축하기가 더 쉬운 것 아니에요?"라고 반문할지도 모르지만, 내가 지금까지 봐온 바로는 절대 아니다. 많이 버는 사람은 그것대로 씀씀이가 커지기 때문이다. 그러므로 둘이 합쳐서 300을 벌든 500을 벌든 아이가 아직 없을 때 가정 경제 규모를 미리 조절해 놓지 않으면, 아이를 낳고 외벌이가 되고 나서는 상대적 상실감을 크게 느낄 수 있다.

둘이 합쳐 500만 원을 벌면서 여행도 다니고, 외식도 많이 하고, 문화생활도 하면서 삶의 사이즈를 매달 거의 500만 원에 맞춰서 살았다고 생각해보자. 그러면 저금을 거의 못했을 것이다. 그래도 '나는 사치스럽게 살지는 않아. 다른 사람들 하는 정도지, 뭐' 이렇게 생각했을 것이다. 그러다 임신을 하면 단기간이든 장기간이든 외벌이가 될 것이고 월급도 잠정적으로 250으로 줄어들 것이다. 그때는 아이를 위해 쓰고 싶은 것, 또 써야 하는 것들이 계속 늘어나는 시기이다. 단적인 예로 아이가 태어나면 예방 접종을 정말 무지하게 많이 맞춰야 하는데, 주사 한 방 가격이 10만 원인 것도 있다. 그렇게 되면 여태까지 둘이 누려왔던 라이프스타일은 순식간에 아스러지는 것이다. 물론 지금 할 수 있는 여유 따위는 이미 사라진 지 오래고, 다음 달 카드 값을 막을 수 있나 없나 고민하는 순간도 올 수 있다.

꼰대가 하는 말처럼 들릴지 모르지만 명심하자. 아직 아이가 없을 때 종잣돈을 모으라는 말이 아니다. 절제된 삶의 규모를 미리 연습해 놓지 않으면, 나중에 부부가 많이 다툴 수 있다는 말이다. 사람은 처음부터 하지 않던 것은 못 해도 박탈감이 들지 않지만, 처음부터 누리던 것을 못 하게 되거나 빼앗긴다는 느낌이 들면 그 우울함은 말로 표현할 수 없을 정도다. 요즘 같은 시대에 누가 절제된 삶을 살까 싶지만 목표가 있는 사람은 그렇게 한다.

'내 가족에게 필요한 집을 꼭 마련하겠어'라는 장기 목표가 있는 사람들은 멀리 달릴 준비를 한다. 아마 그런 마음을 가진 분들이 이 책을 선택하셨으리라 생각해본다. 이런 얘기를 하면, "그래서 저흰 아이 갖지 않고 둘이 살 건데요"라고 대답하실 수도 있겠으나, 그것도 나는 존중한다. 그러나 우리는 삶이 어떻게 변화할지 알지 못하고, 자기 마음이 어떻게 변할지도 모르는 게 현실 아닌가.

하지만 어떠한 변화가 오더라도 절제된 삶의 규모에 익

숙해 있다면 그 상황들을 이겨낼 수 있는, 돈보다 큰 의미를 갖는 종자씨를 가진 것이나 다름없다.

내 경험에 따르면 작은 집에서 절제된 삶의 규모로 살 수 있는 기간은 생각보다 길지 않다. 작은 원룸형 아파트에서 태어난 첫째는 곧 걸어 다니기 시작했다. 주변에서 점퍼루, 소서, 붕붕카, 미끄럼틀 같은 장난감을 중고로 주기도 했지만, 결국 거의 다 제대로 써보지 못했다. 왜냐하면 말 그대로 집이 너무 작아서였다. 뭐 하나를 펼쳐놓으면 집에서 걸어 다닐 수도 없었다. 사실 장난감은 늘 그 자리에 펴 놓고 아이가 관심이 생길 때마다 갖고 놀게 해야 하는데, 이건 뭐 한 장난감을 갖고 놀면 그 다음 판을 벌일 장소가 없었다. 그래서 첫째를 키울 때는 밥도 침대 위에 상을 펴 놓고 먹고, 과자도 침대 위에서 먹으면서 어떻게든 그 작은 집을 최대한 잘 활용해보려고 노력했다. 그렇지만 그 한계가 너무나 명백했다.

아이가 걸음마를 연습할 때였다. 우리가 거실이라고 부르는 공간에서 작은 아기 걸음으로 열 발 정도면 현관에 도착해 버렸다. 아기는 우리 집보다 넓은 할머니 집에 가면 엄청 신나 하면서 좋아했다. 나중에 둘째를 키우고 보니 첫째가 엄청나게 정적인 캐릭터를 갖게 되었다는 것을 알 수 있었다. 물론 엄마가 조용한 성격인 탓도 있을 테지만, 너무 좁았던 집에서 2년을 지낸 것도 영향이 있을 거라는 생각을 한다.

　나는 아이가 더 넓은 공간을 원한다는 것을 알고 있었지만, 그래도 지금 그 가격에 그곳에 살 수 있다는 것에 감사하는 마음이 더 컸다. 나는 지금까지 살아온 집에 불평하는 마음이나 탈출 의도를 가졌던 적이 없다. 늘 내 능력보다 넘치는 집에서 살았다고 생각하지만, 그러면서도 현재 상황에 더 맞는 환경을 갖고 싶다는 꿈을 꾸었다. 지금 아이가 태어나고 자라고 있어서 마음이 조급하시겠지만, 우리의 목표는 탈출이 아니라 성장이다. 꿈을 꾸자. 상상은 무료다.

장기안심제도
(feat. 무이자 대출)

전셋집 재계약이 몇 달 앞으로 다가오자, 나는 엄마가 왜 이사 혹은 전세라는 단어만 들어도 흠찟흠찟 예민하게 반응했는지 정확히 이해할 수 있었다. 처음 신혼집을 찾을 때만 해도 둘이 살 집이 이거였으면 좋겠다 해서 고른 것이지, 2년 뒤를 내다볼 여력은 없었다. 2년이 지난 뒤 부동산에서 보증금 시세가 3,500만 원 정도 올랐다고 귀띔해주었다. 진심 잘못 들은 줄 알았다. 1,500만 원이라고 해도 깜짝 놀랐을 텐데, 3,500만 원이라니. 그 당시 우리 가정 같이 정말 말도 안 되게 어려운 가정이 아니더라도, 서민들이 직장생활만 해서 2년 안에 모을 수 있는 금액이 아니었다. 하하하. 이사 가야 하는 것을 잠정적으로 받아들이고, 새로 살 집을 찾아보려고 했지만 우리는 이미 이 동네에서 가장 오래된 아파트의 가장 작은 평수에 살고 있었다. 즉, 동네를 떠나야 하는 위기였다.

그렇게 좌절에 좌절을 더하고 있던 그때, SH 공사 홈페이지 공지사항에 뭔가 새로운 게 떴다.

앞서 동네 언니가 말했던 곳은 장기전세주택이었는데, 공지사항에 새로 뜬 것은 장기안심주택 안내 글이었다. 내용을 한 줄로 요약하자면, 1억 3천 이하 전셋집에 대해 4,500만 원까지 무이자로 대출해준다는 말이었다. 월 수입 100만 원이 안 되는 상황에서 대출이라는 단어가 등장하는 게 그 자체로 무섭기도 했지만, 나에게서 추가로 나가는 돈 없이 4,500만 원을 가져다 쓸 수 있다는 게 신기했다.

장기안심주택이라고만 말하면 사실 이게 무슨 뜻인지 잘 감이 안 왔지만, 보증금 지원형이라고 하니까 '아, 전세 보증금에 대한 현금 지원이구나'라는 것을 알 수 있었다. 내가 신청한 때는 이 제도가 최초로 생기던 해였던 것으로 알고 있다. 그러므로 지금보다 정보나 이에 대한 인식이 더 없을 때였다. 물론 아무나 신청하면 해주는 건 아니었고, 모든 임대주택의 기본인 무주택자가 필수 조건이었다.

구분		전세	보증부월세
대상 주택	면적	전용면적 60m² 이하(2인 이상 가구는 전용면적 85m² 이하)	
	보증금 등	전세보증금 2억 9천만원 이하 (2인 이상 가구는 전세보증금 3억 8천만원 이하)	기본보증금 + 전세전환보증금의 합계가 2억 9천만원 이하이며 (2인 이상 가구는 보증금 합계가 3억 8천만원 이하)
지원금액		전세보증금의 30%(최대 4천 5백만원)	기본보증금의 30% (최대 4천 5백만원) (신혼부부 특별공급: 최대 6천만원)
		※ 1억 원 이하 보증금은 50% 지원(단, 4천 5백만원 까지)	

※ 전세전환보증금 = 월세금액 × 12 / 전월세전환율 5% [주택임대차보호법 제7조 2 의거]
  – 재계약시 전월세전환율은 재계약시점의 기준금리의 변동에 따라 적용함
  –보증금 인상분 지원: 재계약하는 경우 10% 이내의 보증금 인상분에 대하여 그 인상분의
   30%를 무이자 지원
  – 지원기간: 2년 단위 재계약으로 최대 10년간 지원가능 [10년간 총 5회(최초계약 포함)]
※ 재계약 요건: 입주자 신청자격 유지

사실 집 문제 고민을 상담하다 보면 유주택자도 가능한지 묻는 분들이 참 많다. 그런데 유주택자는 다 자산이 많아서 마음 편히 사는 사람이겠거니 짐작하는 것도 편견일 수 있다. 주택 가격이 2억인데 빚이 1억 5천인 경우도 있고, 부모님 집 계약이 자기 이름으로 되어 있는 경우도 있다. 우리가 상상할 수 없는 스토리의 주인공들이 많이 있는 것은 알지만, 안타깝게도 모든 임대주택의 필수 조건은 무주택자이다. 일단 한 번이라도 유주택자가 되고 나면, 임대주택을 포함한 모든 주거 복지 제도에 해당하지 않을 가능성이 많다는 것을 알아두는 것도 중요하다.

반대로 생각하면 무주택자 역시 꼭 어려운 형편인 것

만은 아니다. 어떤 임대주택은 월소득만 보고 현금 자산은 보지 않기 때문에 현금 10억을 갖고 있어도 무주택자라면 당첨될 수 있다. 세금을 많이 내는 걸 바라지 않아서 돈이 많아도 무주택으로 머물러 있는 분들도 있다. 이러나저러나 정부에서 시행하는 임대주택의 기본 조건은 무주택자이다. 그래서 임대주택에 사는 사람을 안타깝게 바라보는 시대착오적인 편견은 버리셨으면 좋겠다. 인생에는 여러 루트가 있고 각자 그 나름대로 발버둥치며 산다. 그것이 불법이 아니라면 하나의 루트로 존중받아야 마땅하다.

당연히 우리는 장기안심주택을 신청할 때 무주택자였고, 신혼부부였다. 4,500만 원까지 무이자 대출을 받을 수 있다면 현재 살고 있는 집 혹은 이와 비슷한 규모의 집에서 살 수 있을 것이라 생각했고, 그것만으로도 너무 기분이 좋았다. 시프트라는 새 아파트로 간다는 그 언니 말이 귓가에 맴돌긴 했지만, 일단 당장의 주거가 너무 시급했다. 하루에도 몇 번씩, 시댁 혹은 친정으로 들어가서 눈칫밥 먹고 살아야 할까, 어디로 도망가야 할까, 이 상황을 어떻게 이겨내야 할까 이런 고민들로 머릿속에는 전쟁이 나고 있었다.

그때, 시어머니께서 10년 된 남편의 청약통장이 있다면서 쓰라고 주셨는데, 엄마가 해 주신 거랑 무엇이 다른 건지 의아했지만 일단 그걸로 접수를 했다. 얼마 지나지 않아서 SH 공사에서 서류 심사를 위해 통장을 가져오라고 했는데, 현장에서 취소를 당했다. 알고 보니 시어머니께서 주셨던 건 주택청약종합저축이 아니라 그냥 주택이라는 이름이 들어가는 적금이었다. 한바탕 난리를 겪고, 엄마가 만들어 주신 청약저축 통장을 제출해서 다시 승인을 받을 수 있었다.

청약통장의
종류와 활용

민간분양 VS 공공분양 그리고 민간임대 VS 공공임대, 당
신은 이 차이를 알고 있는가? 공공은 주공이고, 민간은 우
리가 잘 아는 래미안, 자이, 푸르지오 같은 브랜드가 붙은
것일까? 사실 예전에는 그런 단순한 이분법적 사고가 가
능했지만, 지금은 그렇지 않다. 민간분양이지만 시공사 이
름이 붙지 않은 것도 있고, 예를 들어 래미안이어도 공공
임대이거나 자이인데 공공분양인 것도 있다. 그럼 어떤 차
이가 있는 것일까?

　앞에서 말한 것처럼 공공분양에 해당하는 것은 무주
택자에게만 신청 기회가 있다. 이것은 큰 전제 조건이고,

두 번째 큰 차이점은 어떤 청약 통장으로 신청이 가능하냐의 차이다. 2019년 기준에서는 이제 단 한 가지 청약 통장만 발급된다. 주택청약종합저축이 그것이다. 지금 새로 은행에 가서 청약통장을 만든다고 하면 무조건 이 통장이 발급되고, 이것으로는 민영, 공공, 분양, 임대 상관없이 신청이 가능하다. 앞서 나의 사례에서 우리 엄마가 만들어준 통장이 바로 이것이다. 그러나 예전에는 청약저축과 청약예금(부금)으로 이원화되어 있었으며, 전자는 공공으로 분류되는 국민주택만 청약 가능했고, 후자는 그 외 민영주택에만 사용이 가능했다. 이렇게 들어서는 잘 모르겠다고 하시는 분들은 내 청약통장에 1회, 2회, 3회 이렇게 횟수로 찍혀 있는지, 그냥 금액으로 들어가 있는지 확인해 보시면 편하다. 횟수로 찍혀 나오는 것이 청약저축이다. 실제로 많은 분들이 자신의 청약통장을 어디에 쓸 수 있는지 모르고 무조건 오래 됐으니 좋은 것이라고 생각하는 안타까운 경우도 많이 보았다. 국민주택 청약하려고 기다리는 예전 청약저축을 가지고 계신 분들은 공공 물량이 줄어들면서 거의 기회가 사라져가고 있는 것이 사실이다. 그런 경우는 청약저축을 청약예금으로 전환해서 민간분양 신청 기회를 가질 수 있다. 꼭 염두에 두어야 하는 것은 한 번 민간분양 신청 자격을 얻으면 절대 청약저축으로 돌아갈 수 없다는 사실이다. 주변에서 이것 때문에 고민하는 분들이 참 많았다. 사실 이것도 각 가정의 상황에 잘 맞춰서 결정해야 하기 때문에 어떻게 하는 것이 좋겠다고 조언 드리기가 참 힘들다.

사실 서울 공공분양 기준으로 보면 15년 이상 꾸준히 매달 1회 10만 원씩 납입해서 금액이 1,800만 원이 넘는 3년 이상 무주택 세대주가 아니라면 당첨되기 힘든 것이 현실이긴 하다. 마곡, 구룡, 위례, 과천 이런 지역은 2,000만 원 이상 납입된 통장이 몰릴 것이라는 예상도 많다. 생애 최초나 신혼부부, 다자녀, 국가 유공자 등 특별공급이 아닌 이상 애매한 1,000만 원 정도 금액은 지금이라도 예금 전환을 고려해 보아야 한다. 아니면 그것은 그냥두고, 다른 가족 구성원의 이름으로 통장을 개설해 놓는 것도 방법일 수 있다. 하지만 현재 분양 시장에서는 세대주만 청약이 가능한 것으로 알고 있다. 임대주택 같은 경우는 세대원도 신청이 가능하니 다른 가족 구성원이 별도의 통장을 갖고 있는 것도 방법일 수 있다. 분양이든 임대든 당첨이 되면 당첨된 청약통장 명의자의 이름으로 계약과 대출을 진행해야 하니 혹시 소득이 잡히지 않는 세대원일 경우 대출이 어려울 수 있다는 점도 잘 고려해야 한다.

20대 청년층의 경우는 청년우대형 청약통장이 출시된 점도 눈 여겨 보아야겠다. 물론 소득 3,000만 원 이하, 무주택 세대주에 나이 제한(29살)까지 있다는 점에서 가입

가능한 사람이 많지 않다는 논란도 있지만, 청약통장을 분양을 위한 도구로만 보는 시각을 넘어, 임대주택 신청에도 사용할 수 있고 타 통장에 비해 금리가 높은 재테크 수단으로까지 볼 수 있는 안목이 생긴다면 더할 나위 없이 좋겠다.

청약통장이 어떤 제도에서 어떻게 점수가 되고 도움이 되는지는 이 책의 나머지 부분에서 천천히 다루기로 하겠다. 다음 장으로 넘어가기 전에 많은 분들이 크게 오해하는 부분 한 가지만 이야기하겠다. 임대주택 신청을 주저하는 분들이 흔히 하는 질문 중에 "행복주택 혹은 장기전세에 당첨되면 청약통장이 날아가나요?" 혹은 "장기전세에 당첨됐는데 청약은 해지해야 되나요?" 이런 것들이 있다. 한 마디로 정리하자면 절대 아니다. 청약통장은 분양주택에 당첨될 때까지 그대로 쓸 수 있는 통장이다. 임대주택 당첨과는 아무런 상관이 없다. 임대주택에 살면서 분양에 당첨될 때까지 계속 넣으시면 된다.

이런 장점이 있기 때문에 청약통장의 효과나 능력을 제대로 만끽하고 싶다면 임대주택을 신청하길 강권하고 싶다. 청약통장은 분양주택 신청 자격과 높은 금리 외에도 우리를 임대주택에 넣어줄 수 있는 능력 또한 가지고 있다. 임대주택도 집에 대한 권리이다. 자산 증식이 안되는 것뿐이다. 그러니 주택청약종합저축이 없는 사람은 지금 바로 은행으로 가라!

얼마를 벌든 제도를 제대로 이용하지 못하면, 밑 빠진 독에 물 붓기가 될 수 있다. 예를 들어 A라는 사람은 한 달에 100만 원씩 저금을 해왔고, B라는 사람은 한 달에 2만 원씩 청약을 넣어왔다고 하자. 둘이 똑같은 아파트 단지에 전세로 살고 싶다고 했을 때 A는 청약통장이 없어서 시세대로 전세자금대출까지 받아서 5억에 입주해야 하고, 청약통장이 있는 B는 장기전세주택에 당첨되어 같은 단지를 2억에 들어갈 수 있다면 어떻겠는가?

그러므로, 아주 많이 벌어서 큰 걱정이 없는 케이스가 아니라면 고만고만한 우리네 서민의 삶은 버는 만큼 저금을 꾸준히 하는 것도 의미가 있겠지만, 방향을 잘 잡고 파도에 몸을 맡기는 것도 그만큼 도움이 될 수 있다는 조언을 전하고 싶은 바이다.

부동산에서
당한 수모

엄마가 만들어준 주택청약종합저축 통장으로 장기안심주택 당첨을 확정받을 수 있었다. 뭔가 대단히 큰 발걸음을 내디딘 것 같은 뿌듯함이 잠시 들긴 했지만 아직 끝난 게 아니었다. 주거 관련 문제를 풀어갈 때는 정말 산 넘어 산이라는 표현이 딱 맞는 것 같다. 우여곡절 끝에 당첨이 되자 SH에서는 1억 3천 이하의 전셋집을 직접 찾아오면 담당자를 계약 현장에 보내서 진행하겠다고 했다.

내 원래 보증금에 4,500만 원이 더해진 금액의 집을 보러 다닐 수 있다고 생각하니, 금방이라도 지금보다 더 좋은 집에 살 것처럼 마음이 들떴다.

어느 토요일 아기를 어머니께 맡기고, 남편과 함께 신도림부터 시작해서 대림동, 신길동 등 주변 동네의 부동산을 하루 종일 돌아다녔다. 결혼할 때는 친정 근처인 신도림을 벗어나지 않는 것이 목표였지만, 그때보다 훨씬 올라버린 시세 앞에서는 그런 옵션은 의미가 없었다. 최대한 갈 수 있는 멀리까지 간다고 알아본 것이 대림동, 신길동이었다. 지금 신길 뉴타운은 10억에 육박하지만, 그때만 해도 서울에서는 아직 저렴하게 집을 구할 수 있는 동네였다.

장기안심제도 같은 경우는 집 주인이 내야 할 복비(부동산 중개 수수료)도 SH가 내준다니 집 주인들이 더 좋아해서 쉽게 전셋집을 구할 줄 알았다. 그런데 웬걸, 부동산 네다섯 군데에 갔는데 모두 SH 얘기를 꺼내자마자 질색을 하며 "우린 그런 건 안 해"라며 구걸하는 거지가 왔다는 표정으로 쫓아내는 것이 아닌가. 어떤 곳에서는 아침에도 SH 얘기하는 신혼부부가 찾아와서 귀찮았는데, 오늘은 무슨 재수 없는 날이길래 또 이런 애들이 왔나 이런 표정이 역력했다. 부끄럽거나 창피한 것은 둘째치더라도, 참 당황스러웠던 기억이 생생하다.

정부에서 굳이 예산을 들여서 하는 일인데, 현장에서는 통하지 않는 먹통 정책이었던 것이다. 사실 지금이야 다주택자들이 자발적으로 민간임대사업자 등록도 하는 상황이지만, 그때만 해도 정부에 뭔가 기록을 남겨가며 주택을 임대 주는 일은 내가 집 주인 입장이었어도 그리 달 갑지 않았을 것 같다.

그날 몇 군데 부동산에서 당한 수모는 평생 잊지 못할 것 같다. '부동산을 끼고 무언가 하는 것은 참 하고 싶지 않은 일 중에 하나구나'라는 생각까지 했다. 특히 세입자 입장에서는 정말 절대 을일 수밖에 없는 노릇이었다.

신길동에 있는 한 부동산에서 신축 빌라를 하나 보여 줬는데, 정말 골목골목을 누비고 안쪽으로 들어가야 있는 곳이었다. 내가 밤에는 골목길이 무서울 것 같다고 했더 니, 부동산 사장님이 그 예산 들고 와서 이 정도 집 보여주 는 걸 행운으로 알라며 비꼬듯 말을 하셨다.

그렇게 거기서 나온 뒤 늦은 오후에 찾은 한 부동산에 서 대림역에 연결된 우성아파트를 보여주셨다. 정말 너무 마음에 들었다. 그래서 다음 집 찾기, '우리 집은 어디에' 시즌 2를 마무리하는 줄 알았다. 그런데 집 주인 할아버지 가 오셔서 SH 얘기를 듣더니 안 되겠다고 하셨다. 부동산 중개인분이 복비도 안 내도 되고 보증금도 안전하니까 좋 다고 설득하셨지만, 결국 실패했다. 그래도 부동산 아저씨 의 따뜻한 호의를 받은 것이 그날 우리가 얻은 것의 전부 였다. 우리에게 남은 한 가지 옵션은 원래 살고 있던 미성 아파트 주인 할머니께 부탁해보는 것이었다. 우리는 아주 낮은 자세로 연락을 취했다

"애 엄마가 어린 아기 데리고 이사하는 게 딱하네"라시며 SH를 끼고 하는 재계약에 도장을 찍어주셨다. 휴~ 이렇게 겨우 한 고비가 지나갔다.

집,
산 너머 산

우여곡절 끝에 재계약을 하면서 2년은 벌었지만, 정신을 차리고 보니 2년 뒤엔 미성아파트 전세보증금이 장기안심 제도에서 제한한 금액을 초과할 수 있을 것 같다는 생각이 들었다. 그래서 장기안심제도로 재계약에 성공한 뒤로도 나는 매일 SH 공사 홈페이지를 드나들기 시작했다. 그때 구로구 천왕 1지구(천왕 이펜하우스)로 이사 갔던 언니에게서 연락이 왔다. 언니는 그해에 천왕 2지구(천왕 연지타운)가 공급되니까 거기에 신청해 보라고 하셨다.

그 즈음부터 나는 임대주택에 대한 자료를 찾고 분석하고 수집하는 연구에 발을 들여놓게 되었고, 지금까지도 이 연구를 떠나거나 마무리 짓지 못하고 있는 상황이다. 그때만 해도 이렇게 오래 붙잡고 있는 주제가 될지는 몰랐다. 그냥 우리 집 한 채만 어떻게 해결해야겠다는 마음으로 시작했는데 말이다.

당시 천왕 2지구는 7호선 천왕역 도보 3분 거리의 초역세권 지역에 건설되고 있었다. SH는 모든 임대 및 분양 주택을 후분양하고 있어서, 임대 공고가 나오기 전에 건물이 거의 다 지어져 있었다. 당시 소셜믹스가 화두였던 만큼 임대 단지가 따로 있는 게 아니라 같은 동 안에서도 라인은 다르지만 임대와 분양 세대가 섞여 있는 형태로 공급되었다.

일단 천왕 2지구에 공급될 예정이었던 건설형 임대주택은 국민임대주택 39형, 49형과 장기전세 주택 59형이었다. 임대주택에는 아주 다양한 종류가 있는데, 크게 SH가 소유한 부지에 시공사가 입찰해서 짓게 하는 건설형이 있고, 브랜드 아파트가 재건축이나 재개발할 때 인센티브를 주고 매입해서 몇 채의 임대주택을 끼워 넣는 매입형이 있다.

갑자기 낯선 단어들이 많이 등장해서 놀라셨겠다.

구로구 천왕 2지구는 1단지 시공사가 포스코 건설, 2단지는 금호건설이라서 사실 아파트 이름에 브랜드만 안 붙었을 뿐이지 마감이나 내부 인테리어가 수준 낮다고 느껴

단위: 원

가구원수	70%	80%	100%	120%	130%
3인 이하	3,781,270	4,321,451	5,401,814	6,482,177	7,022,358
4인	4,315,641	4,932,162	6,165,202	7,398,242	8,014,763
5인	4,689,906	5,359,892	6,699,865	8,039,838	8,709,825
6인	5,144,224	5,879,113	7,348,891	8,818,669	9,553,558
7인	5,598,542	6,398,334	7,997,917	9,597,500	10,397,292
8인	6,052,860	6,917,554	8,646,943	10,376,332	11,241,026

지지 않았다. 건설형과 매입형의 큰 차이는 건설형은 보통 시세의 50% 정도로 저렴하게 공급되는 반면, 매입형은 시세의 80% 이상으로 공급되므로 약간 저렴할 뿐이다.

그럼 국민임대와 장기전세는 어떤 차이가 있는 걸까? 간단히 말하자면, 국민임대는 평균소득 50%(전용면적

천왕2지구 국민임대 39형 17평

천왕2지구 국민임대 49형 21평

천왕2지구 장기전세 59형 25평

50m² 미만), 평균소득 70%(전용면적 60m² 미만)에게 우선 공급되는 월세 형태이고, 장기전세는 평균소득 70%(건설형), 평균소득 100%(매입형) 안에서 동일 경쟁하는 전세 제도인 셈이다. 당시에는 국민임대제도도 전세 전환이 가능했으나 현재는 무조건 월세 형태로 고정이 되었다.

어떤 지역은 39형(39m²), 49형(49m²)이 국민임대로 공급되고 59형(59m²)은 장기전세인 반면, 어떤 지역은 59형까지 국민임대로 공급된 지역도 있다. 국민임대는 30년을 살 수 있고, 장기전세는 20년을 살 수 있다. 사실 나는 임대 보증금 가격을 보자마자 완전 반해 버렸다. 공지된 금액은 39형 9,000만 원, 49형 1억 1,000만 원, 59형 1억 3,000만 원 정도였다. 30년 된 15평 구축 아파트 전세금이 1억 2,000만 원이던 시절에 이 가격이었으니 반하지 않을 수 있었겠는가.

CHAPTER 03

주거 복지, 발 담가 볼까?

남편,
남의 편

어려운 상황을 극복해 보려는 내 노력이 무심하게 남편의 상황은 여전히 나아지지 않았고, 나는 매일 이혼과 임대주택 신혼부부 우선공급에서 당첨권이라는 3년 이내 2자녀를 고민하고 있었다. 그때, 남편이 집에 오면 나는 열의를 가지고 이런 제도에 우리가 해당될 것 같다, 어떤 선택이 좋겠냐며 대화를 시도했다. 그러면 남편은 당첨 안 될 가능성이 더 높은 게 아니냐며, 되더라도 늘어나는 보증금은 어떻게 하냐며 시큰둥하게 반응했다. 아니, 어떻게든 해보려고 노력하는 나를 이해해 주지 못했다. 물론, 안 될 수도 있었다. 자신의 꿈을 이루기 위해 남편이 선택한 적은 소득을 온몸으로 견디고 있는 나와 첫째 아이를 위해 칭찬이나 고맙다는 말까지는 바라지도 않았다. 공수표일지라도 언젠가는 우리도 이 상황에서 벗어날 수 있으니 노력하자는 말을 듣고 싶었을 뿐이다. 3년이나 연애를 하고 결혼했는데도, 참 서로에 대해 모르는 것이 많았던 것 같다.

남편은 이사를 한 번도 해본 적이 없다고 했다. 다세대 주택이지만 어린 시절부터 쭉 자가에서 거주해온 그는 2년마다 이사를 다녔던 나와는 주거에 대해 고민하는 자세 자체가 달랐던 것 같다. 모든 문제가 다 그렇듯이 한 가지 주제에 몰입해야 실마리를 풀어갈 수 있다. 짝꿍을 비롯한 부모님 중 그 누구라도 당신을 응원해주는 사람이 있다면 큰 힘이 될 것이다. 나처럼 혼자 고군분투하게 되더라도 끝까지 포기하지 말고 몰입해야 끝장을 볼 수 있다. 나는 모두가 부정적인 얘기를 할 때도 내 아이에게 지금보다 나은 주거 환경을 제공하겠다는 목표를 잃지 않았다.

이렇게 고민하던 시기에 SH 국민임대주택 입주자 모집 공고가 떴다. 구로구 천왕 2지구는 그 회차에 공급되지 않았고, 그 대신 나온 것은 천왕 1지구 이펜하우스에 발생한 공가(기존에 공급되었던 집에서 퇴거가 발생하는 경우에 생기는 빈집)에 대한 입주자 모집 공고였다.

많은 사람들이 '임대주택 = 저소득층'이라고 단정 짓는데, 그건 큰 오해다. 모든 임대주택 입주자의 가장 큰 전제조건은 무주택자, 즉 집을 소유하지 않은 사람이다. 무주택자가 모두 저소득층이라고 할 수 있을까? 많은 돈을 가진 사람도 일부러 자가를 갖지 않는 경우도 많다. 내가 상담한 사례 중에는 현재 소유한 집을 처분하고 임대주택에 들어가고 싶다는 분들도 많이 있었다.

임대주택은 종류에 따라 자산(전세금 포함) 제한이 있는 유형이 있고, 소득(월소득) 제한이 있는 유형이 있고, 자동차 가액(출고 시부터 감가상각 적용)을 제한하는 유형도 있다.

그리고 제한이 거의 없는, 무주택자이기만 하면 해당되는 임대주택도 있다. 자신에게 맞는 임대주택의 유형은 책을 읽으면서 찾아가도록 하시고, 이쯤에서 임대주택을 준비하는 모든 사람이 꼭 해야 할 것을 공유하도록 하겠다.

그동안 내가 임대주택을 옮겨 다닌 이야기를 듣고 연락해 오신 분들이 많았다. 그분이 "저는 어떻게 하면 좋을까요?"라는 질문을 하시면 상담이 시작된다. 내가 그분에게 하는 첫 번째 질문은 언제나 같다. "혹시 청약통장 있으신가요?" 주거 해결책을 마련하겠다고 하면서 청약통장이 없는 것은 군인이 전쟁터에 나가면서 총을 안 가져간 것이나 다름없다. 청약통장은 임대주택 가점에만 쓰이는 것이 아니라, 향후 분양을 받을 경우에도 꼭 필요한 필수품이다.

대부분 "오래전에 만들었는데, 안 넣은 지 꽤 되었어요" 혹은 "제 이름 말고 다른 가족(딸, 아내, 남편 등) 명의로 되어 있어요" 하고 대답한다. (그렇더라도 임대 혹은 분양 신청자와 청약통장 소유자의 이름은 같아야 한다.) 청약통장은 임대주택 제도에서 납입 횟수로 가점이 된다. 오랫동안 여러 번 넣은 사람의 점수가 높은 구조이다. 아시다시피 한 달에 1회만 인정을 받는다. 그리고 민간분양 주택의 경우 가입기간이 오래될수록 가점을 더 주고 있으며, 공공분양 주택의 경우 인정 금액(한 달 1회 최대 10만 원씩 인정)으로 당첨자를 가리고 있다. 그래서 오래된 청약 통장을 가지고 있는 사람이 유리하다. 가입 기간만 오래되고 미납한 경우가 많을 경우에는 은행에 가서 미납된 횟수를 채우고 싶다고 하면서, 30회가 밀렸을 경우 60만 원을 가져가서 한 달 최소 적립금액인 "2만원씩 30회로 입금해주세요"라고 꼭 말해야 한다. 가장 좋은 것은 향후 분양주택 신청할 때 도움이 되도록 한 달에 10만 원씩 입금하는 것이다. 300만 원이 있으면 "10만 원씩 30회로 입금해주세요" 하면 되는데, 미납 금액이나 횟수는 넣은 날 바로 인정되는 것은 아니고, 몇 달이 소요되는 것으로 알고 있다. 자세한 것은 은행에 가서 제대로 상담 받으시길 권유드린다.

나는 어쩌다 생긴 100만 원으로 첫째와 둘째 아이 청약 통장에 2만 원씩 25회를 미리 넣어두었다. 25회를 인정받는 것은 실제 25개월이 지나야 하지만 자동이체가 어렵거나 매달 넣는 것을 잊어버릴 것 같을 때 쓸 수 있는 방법이다. 사실 미성년자의 청약통장은 아무리 많이 넣어도 성인이 되었을 때 24회의 납입 횟수만 인정해준다. 그래도 금액은 인정해 준다고 알고 있다. 그래서 미리 넣을 필요가 없다고 하시는 분들도 있는데, 나는 아이들이 나중에 커서 용돈을 받거나 하면 넣을 용도로 미리 만들어 놓았다. 여기서 눈치가 빠르신 분은 내가 왜 25회를 입금했는지 캐치하셨을 것이다.

■ 공급 유형별 입주자 선정순서
※ 일반 공급 입주자 선정순서(주거 약자용 주택 제외)

구분	입주자 선정순서				비고
전용면적 50m²	월평균소득 50% 이하 →	거주지 순위 →	미성년자녀 3명 이상인 자 →	일반 공급 배점	배점 동일할 경우 추첨으로 결정
전용면적 50m² 이상	청약저축 순위 →	미성년자녀 3명 이상인 자 →	미성년자녀 3명 이상인 자		

보통 우리가 임대주택 제도 혹은 분양주택 제도에서 "1순위"라고 말할 때는 대개 청약 24회를 기준으로 하고 있다. 그러므로 전용면적 50m² 이상(방 세 개 이상)의 집을 계획하고 있다면 청약통장 24회 납입이 반드시 필요하다.

다시 내 이야기로 돌아오면, 앞 장에 언급한 국민임대 공고에는 50m² 미만의 집만 공급되었고, 그럴 경우 소득 50% 이내에서 그 해당 주택이 있는 자치구민이 1순위, 경계선을 맞댄 인접 지역이 2순위였다. 당시 나는 구로구에 거주했으므로 구로구 오류동에 위치한 천왕 1지구 공가에 1순위로 지원할 수 있었다.

국민임대 1순위 6점. 우리의 첫 점수는 그러했다. 형편 없는 점수이기는 하지만, 당시에는 같은 구로구 천왕지구 안에서도 단지별로 나눠서 신청을 받았기 때문에, 비인기 단지에서 생길지 모를 행운을 빌어볼 만했다. (현재는 국민임대가 지구별 통합 모집으로 변경되어서 낮은 점수로 당첨될 가능성이 사라졌다. 그리고 단지 배정은 컴퓨터 추첨으로 랜덤하게 이뤄지고 있다.)

지원 결과 지하철역에서 도보 10분쯤 걸리는 천왕 이펜하우스 6단지 49형의 예비 끝번호를 받았다. SH의 경우 예비 번호는 당첨자 발표일로부터 1년 이내에 같은 단지 같은 평형에 빈집이 발생하거나, 당첨자가 계약을 하지 않은 경우 그 집을 공급받게 된다는 의미이다. 빈집이 생기자마자 따로 연락이 오는 게 아니라 두 달에 한 번 정도 그런 집을 모아서 예비당첨자 공고를 내기 때문에 예비자 기간 안에 빈집이 나오더라도 날짜가 맞지 않아서 예비자 당첨 공고가 이뤄지지 않는다면 그 집에 들어갈 수 없는 경우도 생긴다. LH의 경우 빈집이 생길 때마다 예비자에게 등기와 전화로 연락이 가기 때문에 SH보다 예비자의 입주가 더 용이할 수 있다.

그때 나는 천왕 6단지 49형이 벌써 우리 집이라도 된 것처럼 버스를 타고 그 앞까지 가보기도 했고, 남편에게도 군이 그쪽으로 시장을 보러가자며 졸라대곤 했다. 지은 지 1~2년밖에 지나지 않은 새 아파트는 밖에서 건물 외벽만 봐도 미소가 지어졌다.

천왕 1지구 6단지 49형은 총 100가구가 넘었기 때문에 1년 안에 예비자가 끝번호까지 돌 것 같다는 기대감이 들었다. 이것도 중요한 팁이다. 공가(빈집)를 지원할 때는 같은 유형의 집이 몇 개인가에 따라 퇴거 속도와 발생 갯수가 달라질 수 있다. 즉 같은 유형의 집이 많으면 더 빨리 빈집이 나올 수도 있다.

천왕 1지구 6단지 공가 예비자가 되고 나니 더 욕심이 생겼다. 어찌어찌 조금만 더 노력하면, 새 아파트로 이사

가는 기회가 손에 닿을 것만 같았다. '엄마, 아빠, 물, 차' 겨우 이런 말을 하는 아가에게도 "우리가 조만간 더 넓은 집으로 이사 갈 수도 있어"라며 자꾸 말해주었다.

사실 써놓고 보니 신청하면 다 되는 것처럼 쉽게 보이기도 하는데 이것도 우여곡절이 있었다. 이 공고를 신청하고 보니 내가 지원한 곳은 경쟁율이 5대 1 정도였다. 3배수를 뽑는 서류 제출자 커트라인은 1순위 8점 컷인 것을 보고, 새삼 벽이 높구나 했었다. 그런데 최종 발표날, 추가서류 대상자라고 비고란에 써 있는 채로 예비 번호를 부여 받은 것이었다. 나중에 보니 이런 경우가 종종 있는 것 같았다. 서류 컷에 든 사람들이 서류 제출을 무더기로 하지 않았거나, 심사 중 부적격자로 밝혀져 탈락하는 경우다. 이렇게 서류 컷에 속하지도 않았는데 갑자기 최종 당첨자로 선정되고 나서 서류 검사를 받는 웃픈 일도 생긴다고 한다.

이처럼 최종 발표날 갑자기 받은 예비 번호는 쓰러져 가던 나를 일으키기에 충분한 원동력이 되어주었다.

확실한
점수 추가는?

방금 전까지는 내가 국민임대주택 일반공급을 처음 경험한 이야기였고, 이번에는 많은 분들이 궁금해 하는 신혼부부 공급 이야기를 해보겠다.

구로구 천왕 2지구(연지타운) 공고를 기다리면서, 3년 이내 1자녀로는 당첨이 확실치 않았다. 신혼부부 공급 경쟁에서 탈락할 경우 일반 공급으로 한 번 더 경쟁할 기회를 주는데, 구로구에 살고 있어 1순위이기는 했지만 6점으로 신규 공급에 덤비기에는 점수가 너무 약해 보였다. 그래서 우리는 3점을 추가할 프로젝트를 실행했고, 둘째를 임신하게 되었다. 우리에게 일반 공급 3점을 선사한 그 아이의 태명을 우린 '3점이'라 불렀다. 주거 문제 해결에 보탬이 될 굉장히 강력한 한 방을 실천한 것이다. ^^

우리 3점이는 정말 복덩이였다! 공고일 기준으로 임신 진단서를 받으려면 4주가 넘어야 하고, 안정적으로 받으려면 6주 정도가 필요했는데, 다행히도 3점이는 우리가 기다리던 공고일 전달에 찾아와 주었다.

첫째 아이는 결혼하고 나서 어쩌다 보니 우리 가족이 되었는데, 3점이는 마치 우리가 초대한 것처럼 우리에게 다가왔다. 그렇게 우리는 4인 가족을 이루면서 임대주택 소득 신청 허용한도를 높였다. 사실 워낙 수입이 없던 탓에 의미 있는 수치는 아니었지만, "3인 가구 소득으로 50%, 70% 맞추기 간당간당해요" 하는 분들은 어차피 자녀를 더 가지려고 했다면, 가족수를 늘려서 4인 가구 소득 50%를 기준으로 받으면 몇십 만원 정도 커트가 올라간다.

예를 들어 3인 가족의 소득 70%가 380만 원이라고 했을 때, 4인 가족은 430만 원 정도이다. 그러므로 신청 자격을 얻을 수도 있다. 이 가구 소득 조건에서는 태아까지도 자녀로 인정해준다.

병원에 갔더니, 첫째 때 담당의사였던 분이, "둘째 가지셨어요?" 하시면서 "집마다 복덩이가 있는데, 이 집은 이

녀석인가 보네요~"라고 호탕하게 말씀하셨다.

그렇게 남은 임신 기간 동안 3점이를 기다리는 건지, 새로운 집을 기다리는 건지 헷갈렸지만 그래도 온통 회색빛이었던 첫째 임신 기간보다는 조금 나은 시간을 보냈다. 굳이 색을 표현하자면, 커피브라운색이랄까? 이 녀석 덕분에 우리 가족이 새 집에 살게 될 것 같다는 믿음을 가지면서 시간을 견뎠다.

두 번의 임신 기간 동안 경제적으로 너무 열악했던 나머지 먹고 싶은 것을 제때 사먹었던 적이 거의 없다. 아이를 더 가질 계획은 없었지만, 임신 기간 동안 남편에게 이것 먹고 싶은데 사다 줄 수 있어? 이런 말을 한 번도 못해서 약간 서러움이 남아 있다. 경제적으로 나아진 시기에 한 번 더 임신을 하고 싶었던 적이 있었지만, 묻어두기로 했다. 남편에게 만회할 기회를 주지 않고, 평생 울궈먹어야겠다고 생각했기 때문이다.

당시 제도로 신혼부부는 3년 이내가 1순위였고, 3~5년 이내가 2순위였는데, 모든 제도가 그렇듯 2순위는 크게 의미가 없었다. 1순위 내에서는 자녀수로 경쟁을 했기 때문에 3년 이내 2자녀면 합격권이라는 말이 있었던 것이다. 그런데 자녀수가 같으면 추첨을 하는 게 아니라, 연장자 순으로 당첨자를 가린다고 했다. 일찍 결혼한 우리는 어린 축에 속하는 게 분명했다. 그 이후 제도가 어린 사람 먼저 공급하는 것으로 변경되었다가 최근에는 7년 이내 점수제로 개편이 되었다. 차라리 점수제가 나은 것 같다는 생각이 든다. 나이가 적고 많음은 내 노력으로 어찌할 수 없는 영역인데, 부모를 원망하라는 말인가? 그래서 아예 추첨이거나 점수제인 것이 더 이상적이라고 생각한다.

내가 왜 이렇게 열띠게 의견을 내느냐 하면 그 부조리함을 몸소 겪은 당사자이기 때문이다. 당시 천왕 2지구는 국민임대(39㎡, 49㎡)뿐만 아니라, 장기전세(59㎡) 공고도 비슷한 시기에 나왔다. 앞에 언급한 것처럼 국민임대는 50㎡ 미만은 소득 50% 미만에게 먼저 공급되고 혹시 남은 것이 있다면 소득 70%까지 기회가 가는 것이다. 그 당시 천왕 장기전세는 건설형으로 소득 70% 내에서 경쟁하는 것이었다.

소득 50% 미만의 신혼부부가 많지는 않으므로 국민임대가 경쟁률이 덜한 것은 사실이었다. 2019년 기준으로 소득 50%는 3인 가족 270만 원 정도이고, 소득 70%는 380만 원 정도로 발표되었다. 정확한 수치는 공고문을 참고하시면 된다.

어차피 인터넷으로 신청하는 것이라 돈 드는 것도 아니라서 장기전세 59형도 신혼부부 자격으로 신청했다. 다만 천왕 2지구는 1단지와 2단지로 나뉘어 있어서 단지를 선택해야 했다. 그것은 내가 인생에서 풀어본 어떤 시험 문제보다 더 어려운 일이었다.

비밀

나는 이런 선택의 문제가 생길 때 대화하거나 상담할 사람
이 전혀 없었다. 그때까지만 해도 양가 부모님께 3점이가
생겼다는 것을 비밀로 하고 있었다. 경제적 상황이 이러한
데, 임신까지 했다면 축하받기 어려울 것 같아서였다. 그래
서 임대주택 당첨이 확실해질 때까지는 비밀로 할 작정이
었다. 임신했다는 것을 비밀로 하는 것은 쉬운 일이 아닌
것 같다. 한 생명의 탄생은 어떤 경우이든 축하해야 하고,
축복 받아야 마땅한데 그 녀석을 숨겨야 했으니 말이다.
그렇게 3점이는 4~5개월이 지나서야 가족들에게 공개가
되었다.

그때 나는 신도림에서 코엑스까지 전철을 타고 오가며 알바를 했다. 일주일에 주 2회 시급 7,500원을 받는 의류 회사 사무 보조 일이었다. 첫째를 시댁과 친정에 하루씩 부탁하고 만원 전철 2호선을 타는데 몇 번이나 정신을 잃을 뻔했던 적도 있다. 밥 한 끼 사 먹으면 내 시급을 훌쩍 넘는 코엑스에서 나는 회사에 비치된 식빵으로 끼니를 해결했고, 그래서인지 나중에 태어난 둘째는 아주 작고 약해서 실제로 입원도 많이 했다.

둘째에게 미안한 마음도 있었지만, 일단 눈에 보이는 첫째를 굶길 수는 없으니 그렇게 알바를 해야 했다. 나름 열심히 공부해서 대학 나오고, 공기업에서 일했던 내 과거를 누가 아는 것이 부끄러워서 누가 물어봐도 내 얘기는 하지 않았다. 처음에 사람들은 나를 '알바생'이라고 불렀다. 그러다 내가 결혼하고 임신한 것을 숨길 수 없어서 말했더니 그 뒤로는 '알바 언니'로 호칭이 바뀌었다.

처음에 복사기 앞에 서 있는데 눈물이 막 날 것 같았다. 아, 내가 이렇게 살려고 그 노력을 하고 살았을까? 학비를 내 주시고 빚까지 내서 교환 학생도 보내주신 아빠의 얼굴을 생각하면 죄송해서 억장이 무너지는 것 같았다.

그렇게 자존심이라는 것을 잘근잘근 씹어 밟을 정도가 되고 보니, 웬만한 것은 견딜 수 있는 강심장으로 거듭난 것 같은 착각이 들었다. 이제 여러 음식을 다 먹을 수 있는 우리 아기에게 먹을 것을 사줄 수 있는 기쁨이 더 컸기에 하루에도 열 번 넘게 구겨지는 자존심과 낮아지는 자존감을 참아가며 때려치우고 싶은 마음을 견디고 또 견뎠다.

돌이켜보면, 그 뒤로도 훨씬 더 큰 파도들을 맨몸으로 부딪혀내야 할 일이 많았다. 둘째가 만삭이 될 때까지 의류 회사에서 세무 조사 보조 일 한다고 서류 박스 나르고 했던 경험은 스펙까지는 모르겠지만 나름의 자산이 된 것만은 분명하다.

내가 심기일전해서 도전하기로 한 구로구 천왕 2지구에는 연지타운 1단지와 연지타운 2단지가 있었다. 아래 팩트를 나열해 드릴테니, 당신이라면 어떤 것을 고를 것인지 선택해 보시라.

천왕 2지구 연지타운 1단지	천왕 2지구 연지타운 2단지
초역세권 포스코 건설 시공 초등학교 10분 거리 2단지에 비해 평균 2000만 원씩 더 비쌈 총 500가구 정도 국공립 어린이집 있음	천왕역에서 15분 정도 소요 금호건설 시공 단지가 커서 초등학교 2군데로 나눠서 감 (각 20분씩 소요) 초등학교 건설 예정(2019년 하늘숲초교 개교) 1단지 같은 평형 대비 2000만 원씩 저렴 총 1000가구 이상 대단지 분양이든 임대이든 뽑는 가구 수가 훨씬 더 많음 국공립 어린이집 있음

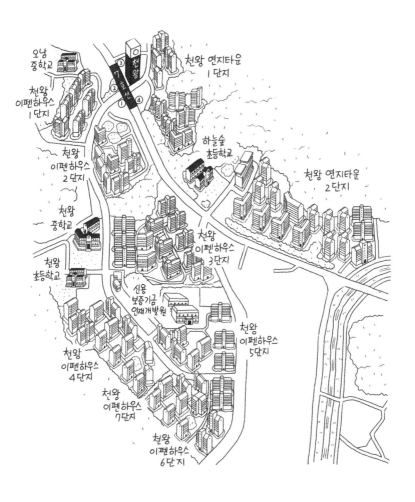

오남
중학교

천왕
이펜하우스
1단지

3
7호선
2
천왕
1
4

천왕 연지타운
1단지

하늘숲
초등학교

천왕
이펜하우스
2단지

천왕 연지타운
2단지

천왕
중학교

천왕
이펜하우스
3단지

천왕
초등학교

신용
보증기금
인재개발원

천왕
이펜하우스
5단지

천왕
이펜하우스
4단지

천왕
이펜하우스
7단지

천왕
이펜하우스
6단지

천왕지구 조감도

몇 가지 꼭 필요한 정보만 봤을 때 당신의 선택은 과연 어디일까?

물론 거주하는 데 있어 1단지가 더 매력적이라는 사실은 부인할 수가 없다. 공공분양 및 임대는 후분양이라서 모델하우스가 아닌 해당 단지에 이미 지어진 견본주택을 보고 청약을 했는데, 보고 나니 1단지가 더 좋았다.

하지만, 나는 장기전세 59형의 경우에는 2단지를 선택했다. 신혼부부 특별전형의 경우 1단지는 16가구를 뽑고 보증금이 1억 5천만 원이었으며, 2단지는 95가구 정도를 뽑고 보증금 1억 3천만 원이었다. 결국 나는 물량이 많은 것과 가격의 부담을 이기지 못하고 2단지를 선택했다. 그리고 이어지는 국민임대주택 청약에서는 미련이 남아서 1단지 49형을 선택했다.

상담을 하면서 가장 많이 들은 질문 중 또 한 가지는 "신청하면 언제 들어갈 수 있는 거예요?"라는 질문이다. 민간분양 주택도 청약 당첨 이후 2~3년을 더 기다려야 하지만, 임대주택은 그에 비해 짧은 편이라도 SH의 경우 공고일로부터 약 3개월 이상이 지나야 당첨자가 발표되고, 한 달 뒤 계약 또 그 한 달 뒤에 입주가 가능하기 때문에 아무리 빨라도 6개월 이상이 소요된다고 봐야 한다.

그것도 공가인 경우이고, 건설 중인 경우에는 신청일로

부터 1년 정도 지나서 입주가 진행되는 곳도 보았다. 이것도 한 번에 당첨이 된 경우를 말하는 것이고, 예비자일 경우에는 당첨자 발표일로부터 1년 동안 자격이 유효하기 때문에, 공고 시점부터 1년 반 이상이 지났을 때 입주를 하기도 한다. LH의 경우 빈집이 생기기 전에 예비자를 미리 뽑아놓는 구조이고, 예비자로 일단 선정되면 몇 년이 지나도 자격이 유효하다. 그러므로 어떻게 보면 입주가 용이해 보이지만 기약이 없다는 표현이 더 정확하다.

즉, 주거 고민을 풀어가는 것은 단기적으로 가시적 성과를 내기 어려운 분야이며, 오랜 기다림이 필요하기에 인내심에 도가 터야 할 정도이다.

나의 첫 기다림은 더 그러했다. 신청을 해놓고 서류 합

2018년 2차 행복주택 입주자 모집공고

■ 공급절차 및 일정

1. 입주자 모집공고	'18. 8. 30.(목)
2. 청약신청 접수	'18. 9. 10.(월) ~ 9. 12.(수)
3. 서류심사 대상자 발표	'18. 9. 28.(금)
4. 서류심사 대상자 서류제출(우편접수)	'18. 10. 10.(수) ~ 10. 12.(금)
5. 당첨자 발표	'19. 1. 18.(금)
6. 계약체결	'19. 2. 11.(월) ~ 2. 15.(금)

예시 표를 보면 알 수 있듯이, 적어도 신청 후 입주까지는 6개월 이상이 소요된다.

격자를 2주 뒤에 발표했는데, 특별전형은 1.4배수를 뽑고 일반전형은 3배수를 선정한다고 했다. 사실 서류 커트라인을 보면 최종 당첨 여부를 가늠해볼 수 있다. 놀랍게도 우리는 장기전세와 국민임대 둘 다 서류 컷 안에 들었다. 그런데 장기전세 59형의 경우 1단지 16명 뽑는 커트라인이 더 낮았다. 이럴 수가! 90개 넘는 물량이라 나름 안심 지원을 했는데 모두 나랑 같은 생각을 했던 것이다. 아니, 정확히 말하면 내가 다른 사람들과 다르게 생각하지 못했던 것이다. 그렇게 서류를 제출하고 3년 같은 3개월이 지나 장기전세 최종 결과 발표가 먼저 났다.

결과는 어땠을까?

최종 탈락

SH 당첨자 결과는 보통 오후 2시에 발표가 되곤 했다. 12시부터 컴퓨터를 켜 놓고 다리를 오들오들 떨던 8월 어느 여름날, 2시에 클릭을 하고도 차마 남편의 이름을 검색하지 못하고, 장기전세 커트라인 파일부터 열었다.

천왕 2지구 1단지 1자녀 75년 8월생(2자녀는 모두 당첨)
천왕 2지구 2단지 2자녀 83년 8월생까지 당첨

두둥! 83년생보다 어린 남편은 말 그대로 어려서 떨어진 것이 되었다. 맘에 들었던 1단지를 선택했으면 당첨이 되었을 거라 생각하니 머리가 부글부글 끓었다.

장기전세 59형 선택에서 처절히 실패를 맛보았지만, 그래도 국민임대 49형은 될 거라 다독거리며 다시 기다림에 돌입했다. 첫 장기전세주택 도전에 그렇게 수업료를 내고 배움을 얻어 아쉬웠지만, 49형 국민임대는 서류 컷부터 넉넉해서 반드시 될 것 같았다.

국민임대 발표하는 날도 뒤뚱거리며, 코엑스에 나가서 업무를 보고 있었다. 2시가 되자 전에도 그랬듯이 당첨자 조회가 아닌 커트라인을 먼저 열어보았다. 결과는 1순위(소득50%) 1자녀 79년생이었다. 2자녀(태아 인정)인 우리는 당첨이었다. SH는 당첨 날 동호수를 같이 발표하기 때문에 당첨자 조회를 했는데, 명단에 없다고 나왔다. 그날 완전한 당첨을 맛보고 '곧 태어날 3점이와 새 아파트 21평에서 행복하게 살았답니다'라는 이야기가 바로 펼쳐졌다면 이 책은 나오지 않았을지도 모른다.

정신이 혼미해져서 SH 콜센터에 전화를 했다. 나 같은 사람이 많은 걸까, 1시간이 지나서야 겨우 연결된 담당자는 "서류 제출 안 하셨잖아요"라며 귀찮게 하지 말라는 투로 대꾸했다. 서류를 보냈던 코엑스 우체국으로 당장 뛰어갔다. 등기번호를 모르면 기록을 못 찾아준다고 했으나, 만삭의 여자애가 와서 다급하게 요청하는 게 딱해 보였는지 한 직원이 내가 보낸 날짜 기록을 다 뒤져서 정보를 찾아냈다. '국민임대 담당자 수령'이라는 기록이 나왔다.

당첨자 명단에서 누락을 확인한 다음 날, 9시에 SH 국민임대팀으로 쳐들어갔다. 제일 처음 나를 응대한 직원은 이러저러해서 왔다고 했더니, "일단 몸도 힘드신데 진정하시고 집에 가서 연락을 기다리시죠"란다. 국민임대 민원인이니 분명 나는 저소득층에 빽 없고 줄 없는, 게다가 어리고 만삭을 한 여자이니 쉽게 생각했었던 것 같다.

"국민임대는 서민들의 생계 및 미래와 밀접한 관계를 맺고 있는 제도입니다. 그렇게 중요한 제도에서 SH측의 실수인지 고의인지 결과가 잘못 공지되는 논란이 발생하였고, 저는 오늘 그 문제를 해결하지 않으면 서울시 민원은 물론, 언론사를 비롯한 모든 수단을 동원할 것입니다.

저의 서류를 받으셨음에도 누락시킨 직원을 찾으셔서 청탁성 의뢰 등 고의성 여부를 확인하시고 징계하시며, 당첨자 공고를 재공지하시고, 저에게 천왕 1지구 국민임대 49형 제공 서약서를 SH 공사 사장 직인이 찍힌 공문으로 제공해주지 않으실 경우 돌아가지 않겠습니다."

내가 그렇게 말하자, 국민임대팀을 총괄하고 있는 팀장님이 나오셨다. 그분에게 나는 1년에 한 번 만날까 말까 하는 악성 민원인일 수도 있었지만, 나에게는 한 가정의 미래가 달려 있는 일이었다. 그분에게는 물론 잘못이 없었다고 생각한다. 하지만 나는 이번 일에서 몇 가지 제도적인 문제점을 분명히 발견할 수 있었다.

첫째, 직원은 그냥 실수한 것이다. 직원의 고의성 여부는 조사할 수 없다.

둘째, 당첨자 공고가 나간 이후에는 실제 커트라인에 들어오지 않는 사람인데도, 실수로 동호수 배정까지 받는 공지가 나갔다면 그 사람의 당첨을 절대 취소할 수 없다.

셋째, 죄송하다고 빨리 처리해주겠다고 했는데, 결국 공문을 받고도 당첨 확정을 받는 데 3개월 이상이 소요되었다.

결국 그날 나는 다시 자격을 검증받은 후 '천왕 2지구

1단지 49형 예비 1번보다 앞서 공급을 받는다'라는 확인 공문을 받고서야 집에 돌아왔다. 1번도 안 빠지면 어떻게 되느냐라는 내 질문에 그럼 지어서라도 하나 드리겠다고 하던 그 팀장님. 나도 화를 내면서도 미안하기도 하고 고맙기도 했다.

그리하여, 나는 이 경험담을 토대로 SH 공사 제도 개선 공모전에 청약 단계별 진행 사항을 실시간 확인하는 의견을 보냈고, 최우수 의견으로 선정되어 문화상품권 30만 원을 받기도 했다. 그리고 현재는 우편으로 서류를 제출할 경우, 등기 도착 여부가 우체국과 SH 공사에서 문자로 온다. 이러한 장치도 아마 나의 경험담을 통해 생기지 않았나 혼자 생각해본다.

나는 임대주택에 입문하면서 이러한 큰일을 겪었고, 우리나라 주거 복지 제도의 개선에 도움 아닌 도움을 주면서 일종의 책임감과 사명감을 갖게 되었다. 그리고 나 같은 어려움을 겪지 않길 바라는 마음과 이런 정보가 필요한 많은 분들이 이 제도들을 활용하기 바라는 마음을 갖게 되어 본격적으로 임대주택에 대한 연구를 시작하고 상담도 하게 되었다. 내가 로드맵을 그려드린 어떤 분은 나를 박사님이라고 부르기도 했다. 그만큼 임대주택 제도가 너무 복잡하고 종류도 다양해서 무엇을 준비해야 할지 감이 안 잡힌다는 뜻이 아니겠는가.

이제 나는 '새 아파트 21평에 입주하게 되었으니, 오래오래 행복하게 잘 살았답니다'라는 이야기로 이어지게 될까?

49형 입성! 그런데,

구조 바꾸기, 집 만족도 업!

전세자금대출

임대주택 3점 추가! 차상위 의료보험

중소기업 재직자 가점 (feat. 제조업)

신청의 순간, 어디가 경쟁률이 낮을까?

임장은 필수!

점수는 17점!

공고일 기준이 무슨 뜻?

그해 11월, 장기전세 두둥!

그래 봤자 임대주택?

꿈의 평형 59형!

마곡 엠밸리 (feat. 예비자 당첨)

CHAPTER 04

돈을 지키는 재테크,
제도를 활용하자

49형 입성!
그런데,

천왕 2지구 1단지 49형은 복도식이었지만, 오래된 아파트처럼 일자형 복도가 아닌 디귿자 모양에 가까웠고, 한 층에 7개 집이 함께 있었다. 그래도 7개 중에 3개 집은 복도에 창이 있지 않고 모든 창이 밖을 향하고 있었다. 우리 집도 모든 창이 밖을 향하고 있었는데 심지어 작은 방은 산 조망권이었다.

지난번 살던 미성아파트에서는 복도로 난 창이 있는 방은 거의 사용하지 않았다. 왠지 복도에 사람이 지나가면서 두드려 볼 것 같아서 약간 무서운 느낌이 들었기 때문이다. 그래서 그 방은 냉장고님을 필두로 해서 창고처럼 쓸 수밖에 없었다. 그래서 국민임대 49형이 되길 기다리면서 복도에 창이 없고 집 앞에 유모차 놓을 공간이 있기를 기도했다. 미성은 13개 집이 일자 복도에 쭉 연결되어 있어서 유모차를 접어서 현관에 넣어놓아야 했는데 참 그것도 쉬운 일이 아니었다. 접지 않고 현관에 세워두는 것도 우리 작은 집의 입구를 막는 것이어서 가끔 감옥 같이 느껴지기도 했다.

우리는 다른 당첨자들이 이미 사전 점검까지 마친 후에 문자로 동호수를 받았다. 11월 말에 동호수를 알려준다던 SH 공사 담당자는 계속 날짜를 미루더니 12월 중순이 되어서야 소식을 전했다. 금요일 밤에 보내준 문자를 들고 토요일에 집을 보겠다고 무작정 연지타운 1단지 관리소에 갔다.

양가 부모님까지 모시고 온 가족이 출동했는데, 관리소에서 흔쾌히 협조해 주셔서 참 감사했다. 문을 열어주시는데 시간이 조금 걸리는 통에 우리 아가는 이사 갈 집을 보지 못하고 잠들어 버렸다.

햇살이 정말 우리 집을 향하고 있다고 해도 과언이 아닐 정도로 밝은 집이었다. 평면도를 봐서 이미 구조는 알고 있었지만, 현장에 가보니 5호 라인 현관 앞에만 1.5미터 정도의 전실 같은 느낌의 공간이 있어서 다른 집 복도

통행에 전혀 지장을 주지 않게 유모차를 세울 수 있었다. 눈물이 날 뻔했다.

새 집에 처음 살아보는 내가 가장 설레었던 부분은 바로 지하 주차장이었다.

"와~ 엘리베이터가 주차장하고 연결되어 있어~ 우와! 우와!"

현관부터 집을 찬찬히 음미하며 둘러본 가족들은 우리를 축하해줬다. 그 집으로 이사 가게 된 것은 사실 아직 태어나지 않은 우리 3점이가 큰 역할을 해준 것이라서 양가 부모님 모두 3점이가 복덩이라며 참 많은 축복을 해주셨다. 온 가족의 골칫덩이로 여겨질까봐 임신 초기에 말하지 못하고 숨겨야 했던 슬픔이 모두 사라진 날이었다.

그렇게 집을 보고 이제 이사를 본격적으로 준비해야 했다. 12월 말부터 입주가 가능했지만, 우리가 동호수를 받은 때는 이미 중순이었다. 3점이가 2월 출산 예정이었기 때문에 최대한 그 전에 이사를 하고 싶었다.

우리 집 주인 할머니께서는 우리 다음 세입자는 월세로 받겠다고 하셨는데, 부동산에서는 월세라서 잘 안 나갈 수도 있다고 겁을 주셨다. 아직 우리 계약 기간이 1년이

나 남았기 때문에 혹시 집이 입주 지정 기간까지 안 빠지면 어떡하나 하고 엄청나게 예민해졌다. 당첨만 받으면 세상 걱정 끝날 줄 알았더니, 기존에 살던 집을 빼는 것도 큰 과제였다.

실제로, 기존 집을 빼지 못해 국민임대, 장기전세, 행복주택 등에 입주하지 못하는 안타까운 케이스들도 있다. 계약 이후 이런 사유로 취소를 하면 입주를 하지 못해도 감점이 생기기 때문에 참 어려운 문제이다. 그렇지만 서울시 전월세 지원센터에서 이사 시기 불일치에 대한 대출 건을 다루고 있으니 포기하기 전에 꼭 시도해 보아야 할 루트이다.

12월부터 1월초까지 10팀도 넘게 집을 보러 온 것 같다. 그때마다 아기 짐으로 미어터지는 집 안을 깨끗하게 정리해놓는 것도 보통 신경 쓰이는 일이 아니었다. 대부분 우리 집을 마음에 든다고 하셨지만, 이사 시기는 2월 말이나 3월 초를 얘기했다. 1월이 되어서 1월 입주 물건을 찾는 것은 흔한 일이 아닐 것이다. 그러던 어느 날, 아주 어려 보이는 신혼부부가 급하게 결혼한다면서 우리 집을 보러 왔다. 월세여도 좋다며, 셋째 주 토요일에 들어오겠다고 했다. 휴, 다행히 한숨 돌렸다. 그러나 또 다른 산이 있었으니, 토요일은 SH 공사와 하는 금융 거래가 복잡하다는 사실이었다. 그래서 아마 그때 관리소에 출장 나와 있는 은행

직원에게 수표로 지불하고, 입주일 처리는 월요일로 했던 걸로 기억하고 있다. 이사라는 것이 들어오는 사람과도 관련된 거라서 맘대로 날짜를 정하지 못하는 스트레스를 그제서야 경험한 것이다. 그 다음부터는 SH 단지에서 다른 SH 단지로만 이사를 했으니, 늘 평일에 비어 있는 집으로 이사하는 소소한 기쁨을 만끽할 수 있었다. 남편은 무언가 오래 기억하는 사람이 아닌데, 그 이사 날짜는 지금도 기억하는 걸 보면 인생에 큰 추억으로 남긴 했었나 보다.

　나는 만삭의 몸을 이끌고 이사 현장을 지켰다. 감사하게도 겨울치고는 포근한 날씨였다. 이사를 한 첫째 날 밤은 남편과 둘이 집 정리를 하고 다음 날 할머니 집에 맡겨 두었던 첫째를 집에 데려왔다. 집에 가자고 하면서 처음 보는 주차장에 내리니 아이는 '이게 뭐지' 하는 표정으로 눈이 동그래졌다. 남편이 아이를 안고 들어와 거실에 내려놓았다. "이사를 갈 거야. 더 넓고 깨끗한 집일 거야"라고 21개월짜리 아이에게 계속 말해왔었지만 그 말이 무슨 말인지 알 리가 없었다. 그런데 그날, 첫째는 바닥에 깔린 자신의 뽀로로 매트를 본 순간 깨달은 모양이다. 이제 여기가 우리 집이라는 사실을. 평소에는 항상 조용하고 담담하고 큰 리액션이 없는 아이였는데, 방방 뛰면서 집 안을 빙글빙글 돌았다. 그 모습을 본 남편과 나는 눈시울이 붉어졌다. '그렇게 좋니? 우리 꼬맹이. 엄마도 너만큼 좋아.' 다섯 걸음밖에 못 걷던 아이가 마음껏 뛰어다닐 수 있었던 그 집, 우리에게는 마치 작은 천국 같았다.

3점이를 낳을 때가 임박하여 알바를 못하게 되자, 남편은 자신이 쫓던 꿈을 내려놓고 어쩔 수 없이 다시 직장인이 되어야 했다. 남편은 자신이 원하는 삶을 우리 때문에 살 수 없다는 사실에 크게 좌절한 모양이었다. 버티고 버티면 언젠가 이해해줄 거로 알았나 본데, 내가 보기엔 그냥 철부지 같아 보일 뿐이었다. 자기 상황만 생각하던 남편은 자신이 많은 것을 잃었다고 생각했겠지만, 정작 모든 것을 버리고 억척 아줌마로 거듭나야 했던 것은 나였다. 모성이란 참 그렇다. 해맑은 눈으로 밥을 주는 나만 바라보고 있는 이 아이를 실망시킬 수는 없다는 생각이 나를 집에 간절히 매달리게 만들었다. 나는 두 아이를 생각하며, 남편을 직장으로 몰아냈다. 내 생각에 그동안 내가 굽혀야 했던 자존심에 비하면 그가 버려야 하는 것은 아무것도 아니었다. 형편이 나아진다면 직장과 병행할 수도 있는 꿈이라고 나는 판단했다. 꿈을 내려놓으라는 것보다는 보류하라는 권유였지만, 그가 느낀 좌절의 깊이에 대해서는 이해한다. 그래서 나의 알바를 멈추게 만든 3점이로 말미암아 살게 된 새 집에도 시큰둥했던 사람인데, 자기를 꼭 빼닮은 첫째가 저리 뱅글뱅글 돌면서 연어처럼 팔딱팔 딱 뛰며 좋아하는 것을 보니 마음이 좀 잡히는 듯 보였다.

우리를 이 집에 살게 해준 3점이가 이사 후 3주 만에 태어났다. 우리 4인 가족은 그렇게 거기에서 30년 동안 살게 될 거라 생각했다. (웃음) 그런데 첫째와 둘째의 성별이 다르다 보니, '방이 세 개여야 할 텐데…' 하는 생각이 스멀스멀 올라왔다. 사람 욕심이란 게 말을 사면 안장을 놓고 싶다더니, 딱 그 꼴이었다. 어렵게 얻은 것에 만족하지 못하는 내가 꼴불견 같았지만, 머지않아 다시 SH 홈페이지를 들락날락거리게 되었다. 그렇게 이사의 필요성을 느끼는 데는 채 1년이 걸리지 않았다.

국민임대 49형에 입성하게 된 뒤, 너무 행복해서 하루에도 몇 번씩 볼을 꼬집어 보고 싶었다. 내가 이렇게 좋은 집에 살고 있다니 진짜인가? 정말 여기가 우리 집이라고! 세상에! 그렇게 몇 주 지나지 않아서 둘째가 태어났다.

그제서야 아주 조금 마음의 여유를 되찾은 나는 그동안 좁은 집에 사느라 고생하고, 또 동생이 태어나서 엄마의 관심을 나눠야 하는 첫째에게 무언가를 사주고 싶은 마음이 한껏 들었다. 그동안 엄마 아빠와 작은 집에 꾸겨 살아준 고마운 첫째에게 자동차 침대를 사주고 작은 방 하나를 내주었다. 또 둘째가 태어나서 사랑을 나눠야 하는 미안함에 키드크래프트 주방놀이 세트도 사줬다. (이 주방놀이는 장난감이 아니라 가구라고 해야 옳다.^^) 앞에서도 언급했듯이, 일정한 수입이 생기면 아이에게 꼭 해주고 싶은 것이 책을 사주는 것이었다. 그래서 한글 관련 전집과 세이펜 세트를 아빠의 첫 월급으로 질렀다. 아빠의 월급이 이 모든 것을 한 번에 살 만큼 많았다는 것이 아니라, 거의 모든 아이템을 12개월 할부로 구매했다는 뜻이다. 그동안 아이에게 장난감 하나, 옷 한 벌 못 사주고 얻어 입히고 키워왔던 것에 대한 보상 심리랄까. 미래의 수입까지 끌어다 온 집을 가득 채우고 말았다. 아기는 짐이 아주 많다. 어디선가 얻어 온 아기 침대며 중고 바운서, 범보 의자, 아기 목욕통 등등. 집의 반을 차지한다고 해도 과언이 아닌데, 첫째의 장난감과 책들까지 더해지자 그야말로 집이 점점 좁게 느껴지기 시작했다.

아, 안 돼~ 감사하는 마음을 이렇게 빨리 잃어버릴 줄이야.

이렇게 되자, 지난해 같이 신청했던 장기전세 연지타운 2단지 59형 방 3개짜리에 나이가 어려서 탈락된 게 곱씹을수록 마음이 아팠다. 더 나아가 연지타운 1단지 59형을 신청했으면 넉넉히 됐을 거라 생각하니 자책이 몰려왔다. 그렇지만, 남 탓을 하거나 과거를 후회하는 행위에는 답이 없다는 것을 잘 알고 있었기에, 그 자리에서 내가 앞으로 무엇을 할 수 있는지 몰두해보기로 했다.

일단, 더 작은 크기의 미성아파트에서도 그래왔듯이 기분 전환도 할겸, 아이들의 발달 속도와 상황에 따라 집의 구조, 즉 가구 배치를 지속적으로 바꿨다. 아이들을 잘 관찰하고 있다가, 아이들이 가는 빈도가 줄어들고 손이 가지 않는 지점을 찾을 때마다 즉각 구조 변경에 반영해서 집 안에 죽어가는 공간이 없도록 부단히도 노력했다.

어떤 집이든 절대적으로 그렇게 큰 집이 아닐지라도, 최대한 효율적으로 써서 만족도를 높이는 것은 주거 고민을 해결하기 위해 칼자루를 뽑아든 모든 사람에게 요구되는 선행 요건이라고 생각한다. 나는 이케아 신입사원 교육을 받을 때 50여 명의 동기 앞에서 이런 발표를 한 적이 있다.

"요즘 집은 보통 몇 억씩 하지 않습니까? 그 집에 있는 방 한 칸을 쓰는 데 얼마를 지불하고 있습니까? 여러분이 그것을 빌려 쓰던 소유해서 쓰던, 당신이 그 공간을 쓰는 댓가로 당신은 대략 1억 원 정도를 지불했습니다. 저라면 1억 원을 내고 쓰고 있는 방 중에 하나를 창고나 옷방으로는 절대 쓰지 않을 것 같습니다. 1억 원짜리 창고를 만들어놓고, 집이 좁다고 불평하는 것은 여러분에게 아무런 도움이 되지 않을 것입니다."

집이 마음에 들지 않는다는 신호가 올 때 새 집을 찾아 나서기 전에 거쳐야 할 일종의 통과의식이 바로 홈퍼니싱 같은 것이다. 사람들이 나에게 왜 집 구조(가구 배치)를 그렇게 자주 바꾸냐고 물어볼 때마다 나는 이렇게 대답한다.

"집을 바꾸기는 어려워도, 집 안을 바꾸는 것은 어렵지 않으니까요."

많은 분들이 지금 집이 마음에 안 들다고 말하면서 이 집이 아닌 다른 좋은 집을 찾아서 옮기겠다는 생각만 쉽게 하지, 현재 집의 가치를 재발견하는 시도는 많이들 하지 않는다. 나는 늘 어떤 집에 들어갈 때마다, 최소 한 달에 한 번은 구조 바꾸기를 하면서 그 집이 내게 줄 수 있는 최대한의 장점을 다 살려보고, 그 집을 만끽하려고 노력한다. 그래서 이사를 나올 때마다, 그 원룸형 미성아파트에서조차, 빨리 이사 가야겠어라는 마음보다는 늘 애틋함과 고마움 범벅이었다.

남편은 퇴근해서 집에 오면 새 집처럼 바뀌어 있어서 다른 집에 온 줄 알았다며 놀란 표정을 짓는다. 아이들은 "엄마, 구조 바꾸기 하는 거야?"라며 자신들의 의견을 반영하기도 한다. 이렇게 자주 구조를 바꾸다 보면 큰 장점 하나가 생긴다. 집 안에 쓸데없이 쌓아두는 짐이 사라지게 된다. 사람들이 늘 입에 달고 사는 말 중에 하나가 "아, 버려야 하는데"라는 말이다. 우리가 집이 좁다고 느끼는 이유 중에 하나는 꼭 필요하지 않은 것을 버리지 않고 꼭 끌어 안고 살고 있기 때문이다. 미니멀리즘을 얘기하려는 것이 아니다. 당신의 1억이 당신에게 최대한의 역할을 해주고 있는지 의문을 갖자는 이야기이다. 당신의 1억짜리 방 한 칸은 당신에게 만족감을 주어야 마땅하다. 그런데 사소한 장애물들 때문에, 당신의 1억이 부정당하는 것은 슬픈 일이 아닌가?

그래서 나는 국민임대 49형 집에서 셀 수도 없을 만큼 많은 변화를 시도해보았다. 친구가 놀러와서 "어? 저게 저기 있었나? 원래 자리가 어디였지?"라고 물으면, "음, 우리 집은 원래 자리라는 게 없는데~"라고 대답하길 반복하며, 1년 이상을 보냈다.

그러다가 둘째가 무럭무럭 커가는 걸 보면서, 성별이 다른 아이들을 위해 방 3개가 필요한 게 아닐까 생각한 가설을 검증해 보기로 했다. 다시 SH 공사의 홈페이지를 즐겨찾기해놓고, 다음 목표를 정했다.

혹자는 본인이 가진 자산에 맞춰 살면 되는 것 아니냐고 말한다. 사실 지난 삶을 돌아볼 때 솔직히 나도 빚이 없다는 것에 큰 위안을 받으며 살아왔던 것이 사실이다. 그러나 사람 마음은 참으로 간사해서 집이 없을 때는 "집 있는 사람이면 좋겠다. 걱정없겠다" 말하지만, 만약 작은 집이라도 사게 되면 또 큰 집에 사는 사람들을 보며 "저 사람들은 걱정 없겠지?"라고 오해한다. 즉 무주택자도 고민, 유주택자도 고민이다. 대출이 없는 사람도 마냥 좋은 것이 아니고 대출이 있는 사람도 마냥 나쁜 것은 아니라는 말이다.

나도 옛날에는 대출이란 말을 들으면 대부업 광고만 떠올렸고, 빚이 있으면 큰일 나는 줄 알았던 사람이다. 그건 전적으로 내가 보고 자라온 우리 부모님의 모습 때문일 것이다. 우리 부모님은 친척들의 사업 실패로 보증이 잡혀 있던 우리 집을 날리면서 같이 빚더미에 앉게 되었다. 그런 종류의 빚은 해로운 빚이겠지만, 각 가정의 현재 상황에 따라 감당할 수 있다고 계산해서 의도하고 받은 대출은 유의미한 빚이 될 수 있다. "대출 받아서 더 좋은 집에 사세요"라고 말하는 것이 아니라, 자신의 가정에 필요한 것과 할 수 있는 것, 없는 것을 현실적으로 판단하고 난 뒤에 다음 결정을 내려보자는 것이다.

그래서 나는 남편이 고정적인 월급을 받게 되자, 혹시 우리가 집을 넓혀갈 경우, 이용 가능한 대출 제도에는 어떤 것들이 있는지 미리 알아보기 시작했다. 많은 분들이 알고 있고 이용하는 '버팀목 대출'이 그 경우였다. 시중 은행에도 아주 많은 전세자금대출 제도가 있다. 어느 은행에 어느 제도가 좋다더라 라는 말은 굳이 쓰지 않을 것이다. 이 글을 쓰는 동안에도 금리와 조건이 계속 바뀔 것이기 때문이다.

버팀목 대출은 은행 상품이 아니라 주택도시기금이라는 기관, 쉽게 말해서 정부에서 돈을 빌려준다는 뜻이다.

버팀목 대출과 아래 언급할 몇 가지의 경우는 정부에서 만든 상품이기 때문에 시중 은행 아무 데나 가서 무작정 물어보면, 잘 모르는 은행원도 있다. 취급하는 은행이 제한적이니 꼭 잘 알아보고 해당하는 은행을 찾아서 방문해야 한다.

일단, 버팀목 대출은 전세자금대출로써 현재 연 소득 6천만 원까지 혜택을 받을 수 있다. 사실, 보통 임대주택 입주 제한기준인 소득 제한선을 고려했을 때 비슷한 수준을 유지하고 있다고 볼 수 있을 듯하다. 또한 우리가 전세 혹은 월세로 들어가려는 그 집의 전세 가격 또한 감안해야 한다. 전세자금대출은 보통 보증금의 최대 70~80% 정도라고 써 있지만, 최종 한도 금액이 정해져 있는 편이다. 버팀목 대출은 현재로써는 1억 2천만 원까지가 빌릴 수 있는 최대금액이다. 2자녀 이상 가구의 경우 2억까지로 조금 더 폭이 넓다. 금리, 즉 이자가 상대적으로 저렴하다는 것이 정부기금대출의 가장 큰 장점일 것이다. 버팀목은 2.3~2.9%를 고정금리로 제시하고 있고, 여러 가지 우대 금리 조건들이 있으니 나에게 해당하는 것이 있나 꼼꼼히 살펴보아야 한다.

대출은 금리 싸움이라고 말해도 과언이 아닐 정도로 0.1%가 중요하다. 특히 은행에서는 정부기금대출을 이용할 때 우리에게 적용되는 우대금리를 적극적으로 찾아서

■ 대출금리

국토교통부 고시금리(변동금리)

연소득(부부합산)	임차보증금		
	5천만원 이하	5천만 초과 ~ 1억원 이하	1억원 초과
~ 2천만원 이하	연 2.3%	연 2.4%	연 2.5%
2천만원 초과 ~ 4천만원 이하	연 2.5%	연 2.6%	연 2.7%
4천만원 초과 ~ 6천만원 이하	연 2.7%	연 2.8%	연 2.9%

※ 우대금리(중복 적용 가능)
  – 부부합산 연소득 4천만원 이하로서, 기초생활수급권자/차상위계층/연소득 5천 만원 이하로서 한부모 가족 확인서를 발급받은 가구 또는 만 6세 이하 미취학 아동을 부양하고 있는 한부모 가족 연 1%P
  – 청년우대(만 34세 이하, 연소득 2천만원 이하, 전용면적 60m^2, 보증금 5천만원 이하) 0.5%P, 다문화/장애우/노인부양/고령자가구 연 0.2%P
＊노인부양가구는 신규시로부터 계속해서 부양하는 경우만 금리우대 가능

※ 추가우대금리(①, ②, ③ 중복 적용 가능)
① 주거안정 월세대출 성실납부자
  – 연 0.2%P 추가 금리우대
② 부동산 전자계약
  – 국토교통부 부동산 전자계약시스템을 활용하여 주택의 임대차계약을 체결한 경우 2019. 12. 31. 신규 접수분까지 0.1%P 금리우대
③ 有자녀 우대금리(다자녀 0.5%P, 2자녀 0.3%P, 1자녀 0.2%P)

※ 우대금리 적용 후 최종금리가 1.0% 미만일 경우에는 1.0%로 적용

■ 대출 한도

• 전(월)세 계약서상 임차보증금의 70% 이내

구분	일반가구
수도권(서울, 경기, 인천)	최대 1억 2천만원
그 외 지역	최대 8천만원

＊ 다자녀가구: 만 19세 미만 자녀가 3인 이상

• 1년미만 재직자의 경우 대출한도가 2천만원 이하로 제한될 수 있습니다.
• 대출 한도는 신청인의 소득, 부채, 신용도 등에 따라 달라질 수 있습니다.
＊ 2자녀 이상 가구인 경우 대출한도 수도권 2억원, 수도권 외 1.6억원, 보증금의 80%까지 지원

■대출금리

국토교통부 고시금리(변동금리)

연소득	보증금			
	5천만원 이하	5천만 초과 ~ 1억원 이하	1억원 초과 ~ 1.5억원 이하	1.5억원 초과
~ 2천만원 이하	연 1.2%	연 1.3%	연 1.4%	연 1.5%
2천만원 초과 ~ 4천만원 이하	연 1.5%	연1.6%	연 1.7%	연 1.8%
4천만원 초과 ~ 6천만원 이하	연 1.8%	연 1.9%	연 2.0%	연 2.1%

※ 추가우대금리(①, ② 중복 적용 가능)
① 부동산 전자계약: 국토교통부 부동산 전자계약시스템을 활용하여 주택의 임대차계약을
   체결한 경우 2019. 12. 31. 신규 접수분까지 0.1%P 금리우대
② 有자녀 우대금리(다자녀 0.5P, 2자녀 0.3%P, 1자녀 1.0%P로 적용)

※ 우대금리 적용 후 최종금리가 1.0% 미만일 경우에는 1.0%로 적용

■대출 한도
· 전(월)세 계약서상 임차보증금의 80% 이내

구분	신혼가구
수도권(서울, 경기, 인천)	최대 2억원
그 외 지역	최대 1억 6천만원

· 1년 미만 재직자의 경우 대출한도가 2천만원 이하로 제한될 수 있습니다.
· 대출 한도는 신청인의 소득, 부채, 신용도 등에 따라 달라질 수 있습니다.

알려주는 것이 아니기 때문에 우리가 알아서 잘 챙겨먹어
야 한다. 현재로써는 버팀목 대출에서 신혼부부에게 큰 혜
택을 주고 있는데, 금리는 1.2~2.1% 정도이다. 금리는 내
가 빌리려는 집의 임차 보증금과 우리 가정의 소득에 비례
해서 올라가기 때문에 1.2%로 빌릴 수 있는 경우는 거의
없을 것이다. 신혼부부의 경우 연소득 2천만 원 미만에 전

세금 총액이 5천만 원 미만일 때 1.2%에 해당한다.

　시장의 인상된 전월세 보증금 가격에 비해, 정부기금대출의 상한선이 따라가지 못한 채 머물러 있는 것은 사실이다. 그렇다고 지속적으로 변화할 가능성이 있는 시장에서 그때마다 금액 상한선을 바꾸는 것도 혼란이 될 수 있으니, 이 제도가 실효성이 있을까 싶을 정도로 낮은 금액을 제시하는 것을 이해해주고 싶기도 하다.

　25세 미만 청년 단독 세대주에게는 최대 3,500만 원의 버팀목 대출이 있으니 오피스텔이나 원룸 등으로 독립할 계획을 갖고 있는 분들이 알아보면 좋을 것 같다. 정부기금대출은 소득 제한과 보증금 제한이 뚜렷한 대신, 상대적으로 낮은 금리를 제공하고 있다.

　2019년 현재 가장 낮은 금리를 제공하는 대출은 중소기업 취업청년 전세자금 대출 1.2%이니, 자신이 이 조건에 해당되는지 가장 먼저 확인해 보시길 추천한다.

●

임대주택 3점 추가!
차상위 의료보험

신혼 3년 이내 2자녀라는 조건으로 구로구 천왕동 연지타운 국민임대 49형에 입성한 나는 커가는 성별이 다른 둘째를 보며 방이 3개나 필요한 것인지 고민하기 시작했다. 사실 그 무렵에는 이런 고민은 마이너한 고민에 불과했고, 진짜 고민은 작고 약하게 태어난 둘째가 겪는 아픔이었다. 둘째는 38주만에 태어났는데 체중이 2.59kg이었다. 의학적으로 38주부터는 언제 나와도 이상하지 않은 주에 해당하지만, 녀석은 평균치보다 훨씬 작은 게 분명했다. 그렇게 2.59kg으로 태어난 아이를 처음 안을 때 너무 가벼워서 깜짝 놀랐다. '작아도 좋으니 건강하기만 해주렴' 하고 빌면서 그 녀석을 데리고 집으로 왔다.

 그 무렵 첫째를 어린이집에 보냈다. 첫 기관에 다니기 시작한 첫째 아이는 자주 감기에 걸려오곤 했다. 그런데 같이 사는 둘째 신생아에게도 전염이 되어, 백일이 채 되지 않은 아기가 폐렴에 걸리고 말았다. 신생아가 열이 38도를 넘으면 언제든 위험해질 수 있기에, 어린이 전문병원에 가서 입원을 했다. 첫째가 첫돌 때 목이 심하게 부어서 아무것도 먹지 못해 링거액을 맞고 입원한 적은 있었지만, 이 꼬마는 백일도 안 됐는데 발에 링거액을 꽂았다. 차마 그 모습을 볼 수가 없어, 마음이 찢어진다는 게 이런 것일까 하는 생각까지 했다. 그렇게 아기는 열이 오르는 동안 링거액을 맞으며 며칠을 보냈고, 열이 내려서 간신히 퇴원을 했다. 그 뒤로도 18개월이 될 때까지 한 달 간격으로 열두 번인가 열세 번인가 입원을 했다. 한 달에 일주일은 병원에서 지냈다고 해도 과언이 아니다.

 그때 첫 병원비가 100만 원 가까이 나왔던 걸로 기억한다. 이제야 직장인 월급을 받아오는 남편의 돈으로 하고 싶은 것, 해야 할 것이 산더미처럼 많았는데, 아이 병원비만 100만 원이라니… 그때의 막막함이란. 다행히 우리 아기가 입원했다는 소식을 듣고, 어떤 분이 구로구에 '0세 의료비 지원' 제도가 있다면서 알아보라고 연락을 주셨다.

사실 우리는 남편이 그동안 4대 보험을 받지 못하는 일을 해와서 수입이 100만 원 미만일 때도 정부 보조 산후도우미 혜택도 받지 못했다. 의료 보험이 지역 가입자로 되어 있었기 때문이다. 그래서 월 70만 원을 벌면서도 의료 보험료를 9만 원씩 내야 했던 슬픈 기억이 있다. 전에 용기를 내서 방문했던 동사무소에서도 취조 수준의 문전박대를 당했기 때문에 정부의 어떤 보조금 제도가 있다고 해도 크게 기대하지는 않았다. 그러나 아이가 아프다 보니 가난한 상황이 더 절박해졌다. 보건소에 전화를 해서 알아보니 월소득 얼마 이하 가정의 12개월 이하 아이가 아프면 병원비를 1년에 50만 원까지 지원해 준다고 했다.

그래서 서류를 준비하고, 입원비 자료를 들고 갔다. 우리 아기는 입원비가 이미 50만 원이 넘었기 때문에 다음 달에 일괄로 50만 원을 지급해준다고 했다. 복지에 대한 고마움을 새삼 처음으로 진하게 느꼈다. (1년 동안 지불한 병원비 영수증을 모아서 청구해도 된다고 했다.) 구로구에 지금도 그 제도가 있는지는 모르겠지만, 그 제도 덕분에 큰 짐을 덜 수 있었다. 물론 둘째는 그 뒤로도 계속 기관지 폐렴으로 입원을 해서 병원비로 쓴 돈은 지원받은 금액을 훨씬 넘었지만, 어려울 때 받은 도움은 참 고마웠다.

그 제도 덕분에 의료보험 차상위 제도를 알게 되었다.

차상위는 기초생활수급자에는 해당이 안 되지만, 도움이 필요한 저소득층이라고 생각하면 된다. 사실 차상위 제도 안에도 다양한 단계로 나뉘어져 있고, 혜택도 다 다르다. 간략하게 요약하면, 그 당시(2014년) 차상위 요건은 4인 가족 월수입 220만 원 이하, 총 재산액 전세금 포함 1억 3,500만 원이었다. 자동차 가액 제한도 있었던 것 같고 부채도 잡아줬다. 당시에 기준액이 1년에 10만 원 이상 오른다고 했으니 지금은 기준이 꽤 많이 올라갔을 것 같다.

우리나라에서 200만 원 이하 월급을 받는 사람이 반이 넘는다는 기사도 있었는데, 외벌이로 250만 원 이하를 벌고 부채 포함한 총자산이 1억 3,500만 원 미만인 가정은 엄청 많지 않을까? 여하튼 그런 분들은 많이 있지만, 이 제도를 모르기도 하고 복지 혜택을 받는다는 시선이 싫어서 신청을 안 하는 분들도 많이 계실 것이다. 복지 혜택을 계속 받기 위해 노력하지 않고 그 상태를 유지하는 것은 사회적으로 문제가 될 수 있지만, 각 가정의 성장 단계에 따라 필요할 때 단기적 복지 제도의 혜택을 받는 것은 추천하고 싶다.

우리 가정은 당시 저 제도에 해당되었다. 정확히 말하면 나와 남편은 차상위가 아니고 아이들만 차상위에 해당되어 의료보험 혜택을 주는 것이었다. 그러니까 아이들만 차상위 계층인 것이다. 차상위가 되면 병원에서 약국갈 때

받는 서류에 '의료보호'라고 표기가 된다. 아이들이 병원에 가면 무조건 천 원만 내고, 약국에서도 500원만 내면 됐다. 그것만으로도 병원을 제2의 집처럼 드나들던 우리 가족에게는 더 없이 큰 도움이 되었다.

사실 차상위 신청을 하기 위해서는 관할 동사무소에 가야 했는데, 신도림동 동사무소를 갔을 때 당한 것을 생각하니 괜히 두려움이 밀려왔다. 그러나 오류1동 동사무소 분들은 천왕지구가 생기고 나서 이와 관련된 접수가 많았다면서 오히려 제도에 대해 잘 알고 있어서 적극적으로 도와주셨다. 어떻게 하면 떨어뜨릴까 하는 것이 아니라 어떻게 하면 복지의 도움을 받게 해줄 수 있을까 함께 고민해주시는 게 보여서 참 고마웠다.

차상위 서류는 굉장히 복잡하고, 승인이 날 때까지 2~3개월 정도 시간이 소요된다. 월 평균소득도 지난 3개월치를 보기 때문에 나의 상황을 잘 고려해서 맞는 시기에 신청해야 한다. 차상위 제도는 저소득층이 자립할 수 있게 해주는 목적을 갖고 있기 때문에, 1년에 두 차례 경제 관련 강의를 들으러 구청을 방문해야 되는 조건이 있다. 그 강의는 유익하고 재미있으니 걱정할 필요는 없다.

차상위 계층은 내가 앞서 이야기한 의료보호 혜택말고도 부수적인 수혜들이 있는데, 다음과 같다.

- 여름 전기세와 겨울 난방비 할인 혜택
- 각 가족 구성원 통신비 15,000원씩 할인
- 교통안전재단에서 카 시트 우선 무료 공급
- 보건소 영양플러스(격일 우유 배달/매달 야채 및 식료품 배달) 제도 우선순위
- 희망 키움 통장 이용

  (3년간 이자 100% 적용, 실제로 360만 원 저금하고 이자까지 750만 원을 돌려받았다.)
- 국공립 어린이집 100점 가산점
- 국공립유치원 우선 선발로 하이패스

  (사립 유치원비를 안 내도 되는 걸로, 1년에 몇백 만 원은 절약이 된다.)

음, 이렇게 표현하면 조금 웃프지만, 대박이다.

실제 나는 이 모든 혜택을 경험했다. 그리고 마지막 한 가지가 남아 있으니, 바로 국민임대주택과 장기전세주택(2014년 이전 공급분, 3점 가점표 기준)에 가산점 3점! 재개발 임대 가산점 4점이 바로 그것이다.

임대주택 제도에서 1점을 더하려면 국민임대에서는 10살을 더 먹어야 하고, 장기전세에서는 5년을 더 살아야 한다. 3점은 보통 점수가 아니다. 앞에서 말했듯이, 아이를 하나 더 낳아야 얻을 수 있는 점수가 3점이다. 그 점수

3점을 차상위에게 주는 것이다. 그것을 알게 되었을 때, 방 3개, 즉 임대주택 59형으로 이사 갈 수 있을지도 모른다는 생각이 머릿속에 번개가 치듯 들어왔다. 오, 뭔가 촉이 왔다.

중소기업 재직자 가점
(feat. 제조업)

우리는 차상위 계층이라는 낯선 단어를 우리 가족의 아이덴티티로 받아들이고, 그것이 우리와 함께 하는 동안 우려먹는다고 표현할 만큼 모든 수혜를 탈탈 털어서 다 받았다. 이제 차상위 자격의 마지막 임무는 우리 가족을 방 2개짜리 임대주택에서 방 3개짜리로 이동시켜주는 것만 남았다. 차상위는 6개월에 한 번씩 소득 자산 조회를 해서 유지 여부를 결정한다. 구로구 같은 경우는 4월과 11월이 그 시점이었다. 그러므로 우리가 언제까지 차상위 자격을 유지할 수 있는지도 나름의 계획으로 예측이 가능했다. 즉, 만료 기간을 알고 있다는 것은 그 안에 끝장을 봐야 한다는 뜻이었다.

당시 장기전세는 가점 체계가 2가지로 나뉘어져 있고, 내가 준비하던 유형은 2014년 이전에 공급된 건설형 59형 이하에 적용되는 항목당 3점짜리 가점표였다. 2014년 이후 공급된 건설형 및 기존 매입형 가점은 항목당 5점짜리로 점수 계산이 다르다. 전자의 점수 체계는 현재 국민임대 제도 점수 계산법과 같아서 대략 15점 이상이면 고득점이라고 볼 수 있다. 후자 같은 경우 15점은 낮은 점수이며 고득점이라고 해도 27점 이상을 생각해야 한다. (현재 장기전세 3점 가점표 물량이 국민임대로 변경되어 장기전세는 5점 가점표만 남을 예정이다.)

나는 당시 살고 있던 천왕지구 장기전세 59형(3점 가점표 적용, 현재 국민임대주택으로 변경)을 1순위 타깃으로 준비하고 있었고, 그 다음 같은 점수 체계 3점 가점표가 적용되는 우면지구(서초 네이처힐)를 염두에 두고 있었다. 사실이 점수 체계는 아무리 가점이 높아도 3자녀가 우선이라 3자녀 1점에게 2자녀(혹 1자녀) 18점이 지는 구조였기 때문에, 내가 아무리 가점을 준비한다고 해도 어디든 당첨을 장담할 수 있는 것은 전혀 아니었다!

그렇게 기다리던 장기전세 공고가 드디어 나왔다. 천왕1지구 이펜하우스 1단지에는 2개의 공가가 나왔고, 내가 거주하던 천왕 2지구 59형에는 공가 공급이 없었다. 당연히 지원을 했는데, 3배수를 뽑는 서류 컷이 14점이었다. 그때 내 점수는 13점. 보통 서류 컷에 들어가면 예비자 끝번호라도 받는 경우가 많기 때문에 1점 차는 아쉬움이 가득했다. 물론 예비자가 아니라 당장 입주할 수 있는 당첨자가 되려면 1점 이상이 필요한 건 자명했다.

이때 3자녀의 대열에 합류할 것인지 정말 고민을 많이 했던 것 같다. 3자녀는 하이패스다. 한 방에 쉽게 풀어갈 수 있는 길을 보면서도 사실 실행하지는 못했다. 그러므로 다르게 뚫을 길이 없나 고민에 고민을 거듭했다. SH에서 여태까지 내놓은 공고문이란 공고문은 죄다 찾아 읽어본 것 같다. 국민임대, 그리고 2014년 이전 공급 장기전세 59형(현재는 이것에 해당하는 장기전세 물건이 국민임대로 전환되었기 때문에 국민임대에만 해당된다고 말해야 할 것 같다)은 뭔가 더 가산점을 준다고 써 있었다. 그 아래 뭔가가 3점이라고 적혀 있는데, 사실 뭔지 몰라도 아주 평범한 내가 해당할 일이 없다고 생각해서 읽어보지도 않았었는데 '중. 소. 기. 업.'이라는 단어가 눈에 확 띄었다. 정확한 문구는 이러했다.

중소기업기본법 제2조 제X항 규정에 의한 중소기업 중 제조업체에 종사하는 근로자(임원 제외): 3점음, 정확히는 모르겠지만, 남편이 다니는 회사가 대기업은 아니니까 중소기업인 건 확실한 것 같았다. 사업자등록증에 제조업이라는 단어가 있으면 된다길래, 남편에게 메시지를 보냈다.

"여보, 회사에서 뭔가 만든다고 하지 않았어? 그럼 사업자등록증에 제조업이라고 써 있는지 봐봐."

답이 올 때까지 가슴이 두근두근 뛰었다. 3점, 3점, 3점. 답이 왔다. "응 써 있는데." 오! 대! 박! 이렇게 3점을 발굴해 냈다. 몇 초 후에 아, 그럼 지난 천왕 1단지 지원할 때도 16점으로 할 수 있었던 거라는 걸 깨닫고, 이내 자책하긴 했지만 말이다. 보통의 젊은 30대 가족이 16점을 보유한다는 것은 거의 불가능에 가깝다고 표현해도 틀리지 않다. 평범한 4인 가족의 점수는 11~12점 정도가 많다.

그렇게 나에게 든든한 좌청룡 우백호가 생겼으니, 차상위 3점과 제조업 3점이 그것이었다.

다만, 남편이 입사 1년이 지나서 기본급 외에 실제 받은 수당이 신고된다면 차상위가 해제될 위기가 다가오고 있었고, 향후 1년 안에 남편은 이직을 계획하고 있었다. 즉, 내가 16점을 유지할 수 있는 기간이 시한부라고 생각하니 16점을 가지고도 살얼음판을 걷는 것 같았다. 지난 공고에는 1점 차이로 탈락했지만, 다음 공고에서는 반드시 IN 하리라 벼르고 몇 달 동안 인내의 칼을 갈았다.

몇 달 뒤 나온 다시 나온 장기전세 공고는 천왕 1지구 이펜하우스 3단지 1개, 천왕 1지구 이펜하우스 6단지 4개 59형이 나왔다. 나는 나름 고득점 16점으로 어떤 선택을 했을까? 과연 과녁을 적중할 수 있었을까?

▶ 일반공급 동일순위 경쟁시 입주자 선정기준(주거약자용 주택 제외)

동일순위 안에서 경쟁이 있으면 민법상 미성년인 자녀(태아 포함) 3명 이상을 둔 공급신청자 중 미성년인 자녀 수가 많은 순으로 입주자를 선정하고 자녀수가 같거나 입주자를 선정하고 남은 주택이 있는 경우와 우선공급의 경우 아래의 1)호 및 2)호 배점을 합산한 순위에 따라 입주자를 선정하되 동일한 사유로 중복하여 합산하지 않으며 동일한 점수인 경우에는 전산추첨에 의함.

1)가점기준표 – 입주자모집공고일 현재 공급신청자 기준

구분	3점	2점	1점
① 공급신청자 나이(만 나이 기준)	50세 이상	40세 이상 50세 미만	30세 이상 40세 미만
② 부양가족수 (태아수 포함, 신청자 제외) ＊ 하단 부양가족 설명 참조	3인 이상	2인	1인
③ 서울특별시 연속거주기간(만 19세 이후)	5년 이상	3년 이상 5년 미만	1년 이상 3년 미만
④ 만 65세 이상의 직계존속(배우자의 직계존속 포함)을 1년 이상 부양하고 있는 경우: 3점 ＊ 피부양자(노부모) 및 피부양자의 배우자(무주택세대구성원에 포함되지 않는 피부양자 및 피부양자의 배우자 포함)도 무주택이어야 함.			
⑤ 미성년(만 19세 미만)자녀(태아수 포함)의 수	3자녀 이상	2자녀	✕
⑥ 청약저축 납입 회차 ＊ 입주자모집공고일 현재 납입 인정회차	60회 이상	48회 이상 60회 미만	36회 이상 48회 미만
⑦ 「중소기업기본법」 제2조 제1항의 규정에 의한 중소기업 중 제조업체에 종사하는 근로자(임원제외): 3점			
⑧ 「건설근로자의고용개선등에관한법률」 제11조에 따른 피공제자 중 1년(252일)이상 공제부금이 적립된 자: 3점			
⑨ 사회취약계층에 속한 자: 3점(세부내용은 아래의 ※사회취약계층 가점사항 참조)			

국민임대주택에 과거 계약사실이 있는 경우 감점기준
– 입주자모집공고일 기준 3년 이내에 계약 사실이 있는 경우: −5점
– 입주자모집공고일 기준 5년 이내에 계약 사실이 있는 경우 : −3점
– 그 외 계약사실이 있는 경우: −1점

동일순위 경쟁시 입주자 선정기준

1) 일반 공급, 우선공급(다자녀) 가점기준

구분	5점	4점	3점	2점	1점
① 공급신청자의 서울특별시 연속 거주 기간(만 19세 이후)	10년 이상	7년 이상 10년 미만	5년 이상 7년 미만	3년 이상 5년 미만	3년 미만
② 공급신청자의 무주택기간 (만 30세 이후 또는 혼인신고일 중 앞선 날짜 기준)	10년 이상	7년 이상 10년 미만	5년 이상 7년 미만	3년 이상 5년 미만	3년 미만
③ 공급신청자의 나이	50세 이상	45세 이상 50세 미만	40세 이상 45세 미만	35세 이상 40세 미만	35세 미만
④ 공급신청자의 부양가족수 (태아의 수 포함, 공급신청자 제외) ※ 하단 부양가족 설명 참조. 직계존속은 신청자가 세대주·세대원일 경우 모두 인정	5인 이상	4인	3인	2인	1인
⑤ 공급신청자의 미성년(만 19세 미만)자녀(태아의 수 포함)의 수	5자녀 이상	4자녀	3자녀	2자녀	1자녀
⑥ 공급신청자의 주택청약종합저축(청약저축) 납입횟수(전용 85m² 이하)	96회 이상	84회 이상 96회 미만	72회 이상 84회 미만	60회 이상 72회 미만	24회 이상 60회 미만
⑦ 공급신청자의 주택청약종합저축(해당 주택형에 신청 가능한 청약예금) 가입기간(전용 85m² 초과)	8년 이상	6년 이상 8년 미만	4년 이상 6년 미만	2년 이상 4년 미만	2년 미만

⑧ 만 65세 이상의 직계존속(배우자의 직계존속 포함)을 3년 이상 부양하고 있는 경우: 2점
※ 공급신청자가 세대주·세대원일 경우 모두 가점 인정되면 피부양자 및 피부양자의 배우자(무주택세대구성원에 포함되지 않는 피부양자 및 피부양자의 배우자 포함)도 무주택이어야함.

⑨ 소득기준 (도시근로자 가구당 월평균소득)	50% 이하	50% 초과 70% 이하	70% 초과 100% 이하	100% 초과 120% 이하	120% 초과 150% 이하

2) 감점 산정기준: 2009. 11. 30 이후 입주자모집공고에 의거 장기전세주택을 계약한 자에 해당함.

감점기준	감점 점수
1. 입주자모집공고일 기준 3년 이내에 계약 사실이 있는 경우	−10점
2. 입주자모집공고일 기준 5년 이내에 계약 사실이 있는 경우	−8점
3. 1호 내지 2호 이외의 계약 사실이 있는 경우	−6점

신청의 순간,
어디가 경쟁률이 낮을까?

2014년 이전 공급분 건설형 59형 장기전세와 현재 국민임대의 경우 차상위와 제조업 가점이 적용된다는 이야기는 앞서 말씀드렸다. (2014년 이후 공급되는 장기전세주택의 경우 항목당 5점 만점의 새로운 점수 체계가 제시되었는데, 소득 가점이 신설되었기 때문에 차상위 점수를 따로 주지 않으며, 제조업 또한 가점에 해당되지 않는다. 그러므로 나에게 맞는 유형을 찾아야 한다.)

그렇게 3점 가점표를 기준으로 좌청룡 차상위, 우백호 제조업으로 16점을 얻은 나는 시한부 점수였기 때문에 더 살 떨리는 기다림을 거듭한 끝에 드디어 장기전세주택 공고를 맞이했다.

신규 공급쪽 물량이 많아서 당첨이 더 쉬워보이기도 했지만, 2014년 이후 신규 공급분은 시세의 80%로 공급해서 보증금 2억 이하를 찾기 어려웠고, 원래 국민임대 49형으로 살던 지역을 어린이집 등의 이유로 떠나고 싶지 않아서 2014년 이전 공급되어서 누군가 살다가 나간 빈집만을 노리고 있었다.

이번에는 천왕 1지구 이펜하우스 3단지 1개, 천왕 1지구 이펜하우스 6단지 4개의 선택지가 주어졌다. 가장 원했던 것은 천왕 2지구 1단지 연지타운이었지만, 내 시한부 16점이 그 단지가 나올 때까지 버텨줄지 확신이 없어서 천왕 1지구라도 되면 너무 좋겠다며 고민에 들어갔다.

3단지는 초품아에 상권 앞 전철도 5분 거리였고, 6단지는 전철에서 도보 10분 이상 소요되고, 공가 4개 중에는 빛이 잘 안 드는 위치에 있는 집도 있었다. 당신이 하이패스 3자녀라면 어떤 선택을 할 것인가? 이 공고에서 어떤 단지를 선택할지 고민하다가 정말 머리가 다 빠지는 줄 알았다. 고뇌에 고뇌를 거듭하다가 '내가 3자녀라면 3단지 쓸 것 같아'라고 결론을 내고 16점으로 6단지를 쓰기로 했다.

그렇게 1순위 접수를 마치고 경쟁률이 나왔는데, 뒷목을 잡고 쓰러질 뻔했다.

3단지는 73:1 (73명 신청)

6단지는 85:1 (340명 신청)

한 마디로 6단지에 엄청나게 몰린 것이었다. 신청하는 사람들 마음도 다 나와 같았다. '1가구 뽑는 곳은 어차피 안 될 것 같으니까, 그래도 4가구 뽑는 데로 가자' 한 것이다. 2주 뒤 서류 컷을 보니 눈물이 났다. 3단지도 16점, 6단지도 정확히 16점이었다. 즉 우리는 6단지 서류 제출자가 되었지만 당첨 가능성은 희박해 보였다. 서류 커트라인은 보통 모집 가구수의 3배수를 뽑기도 하지만, 해당 단지의 그 유형 전체 가구수에 비례해서 더 뽑기도 한다. 공가가 나는 회전률도 단지마다 다르기 때문이다.

예를 들어 이번에는 천왕 이펜하우스 3단지를 1가구만 모집하지만, 예비자를 1명 혹은 2명만 뽑는 게 아니라 5~6가구를 뽑을 수도 있다는 말이다. 전체 가구수가 많은 곳은 그렇게 미리 뽑아 놓기도 한다. 그리하여 커트라인을 보고 서류 제출자 명단을 보니 천왕 이펜하우스 6단지 서류 제출자만 19명이었다. 즉 동점이 엄청나게 많았다는 뜻이다. 그때 내가 계산한 바로는 16점 동점만 10명 이상인 것으로 추산되었다. 16점이 그렇게 흔한 점수가 아닌데도, 그 공고에서 모든 16점 보유자들이 여기에 쓴 것처럼 몰렸다.

흑, 모두 나와 같은 생각을 한 것이다. 아니 내가 남들과 다른 생각을 하지 못한 것이다. 그렇게 좋지 않은 선택을 하고 서류를 낸 이후로도 한동안 우울해하고 있었는데, 어느 날 SH에서 아주 특이한 공지를 올렸다. 천왕 이펜하우스 3단지 서류 제출자들의 서류 제출율이 너무 낮아서, 추가 서류 합격자를 공지한 것이다. 세상에! (이는 전무후무한 일이었다. 보통 최종 당첨자 발표날 추가 합격자로 나오는 경우는 있지만, 공고가 진행되는 중간에 이런 일은 처음이자 마지막이 아니었나 싶다.) 그렇게 13점까지 추가 서류를 내는 것을 지켜보았다. 3단지를 쓴 16점 분들은 단번에 당첨은 아니어도, 예비 1번 정도는 될 가능성이 높아지는 걸 지켜보면서 정말 명백하게 잘못 선택한 나는 머리를 벽에 쿵쿵쿵 박고 싶었다. 아… 이… 바보…

최종 결과는 이변이 없었다. 3단지는 3자녀 1분이 당첨

29차 장기전세 천왕지구 분석표

천왕지구 59m²	일반 공급	단지 내 같은 평형 총 공급량	보증금(원)	서류 컷	당첨 컷	예비 컷
이펜하우스 3단지	1	250세대	131,180,000	16점 (13점 추가합격)	3자녀	13점
이펜하우스 6단지	4	208세대	131,650,000	16점	3자녀 13점	16점

단지 내에서 건설 후 첫 공급 때 같은 유형의 집이 얼마나 공급되었는지 확인해 보면(SH서울주택도시공사_청약정보_전자팸플릿) 그 차수 일반공급 물량 외에도 예비자를 얼마나 뽑을지 예측이 가능하다. 위의 경우 1세대 뽑았던 3단지도 6단지와 비슷한 숫자의 예비자를 선정했다. 전체 물량을 봤을 때 회전율을 생각하기 때문이다.

되고 서류 제출하신 분들은 모두 예비를 받았다. 6단지는 3자녀 13점까지 당첨되고, 그 아래 3자녀와 나머지 16점들 중에서 최종 7명만 예비를 받았다. 점수가 같으면 추첨이기 때문에 내가 그 예비 안에 들어간 것은 운이 좋았다고 해야 할까. 그렇게 잔뜩 설레이며 준비한 나의 16점을 제대로 써 먹지도 못하고 첫 번째 시도를 마치게 되었다. 1년의 예비자 기간 동안 3번까지는 빠졌지만, 결국 내 차례까지 돌아오지 않았다. 첫 국민임대 신청 때도 예비자였는데, 연지타운 입주 후 당첨이 되어서 들어가지 않았던 천왕 이펜하우스 6단지는 나와 인연이 아니었나 보다. 그 뒤로는 3단지만 보면 너무 속상하고 우울해져서 즐겨하던 천왕 1지구 산책도 덜 하게 되었다.

그러고 보면 나는 신혼부부로 신청할 때 이미 한 번 경험했고 실패했으면서 또 내 발등을 찍은 꼴이었다. 공고 내에서 어떤 단지를 선택해야 할까? 일단 물량이 많은 쪽이 될 것 같지만 대부분 물량 적은 쪽의 커트라인이 더 낮게 형성된다. 임대주택 신청자들의 마음은 똑같다. 싸면 좋겠다. 그러므로 입지가 비슷하면 싼 곳에 몰린다. 대개 비싼 쪽 커트라인이 더 낮다. 이 두 가지만이라도 숙지한다면, 이 글을 읽는 여러분의 다음 선택은 당첨권에 조금 더 가까울지도 모르겠다.

신혼부부 때도 물량 많고 싼 곳에 신청했다가 옆 단지에서 일어나는 일을 보고 데여놓고도, 또 유혹을 이기지 못한 나를 심하게 자책했던 것 같다. 남편은 지금 살고 있는 국민임대 49형도 우리에겐 너무 파라다이스 같고, 아이들도 행복해 하지 않느냐며 나를 다독거려 주었다. 그래, 맞다. 지금 여기 있는 것도 너무 감사한 일이었다. 그렇지만 프로젝트를 일단 시작하면, 끝장을 보는 나이기에 마음을 추스리고 다음 공고를 기다렸다. 잠복해 있는 사자처럼!

우리 가족이 살 집을 찾으려고 하는데, 온라인에서 시세만 보고 '여기가 좋겠네'라고 결정하는 사람은 아무도 없을 것이다. 집이라는 단어 하나에 수만 가지 감정이 얽혀 있다는 말로 이 책을 시작했다. 집은 정말 많은 가치 판단과 결정이 모여서 만들어진 나의 선택이기에 내 일부라고 말해도 좋을 정도이다.

보통 집을 구매하거나 관심이 있을 때 어떤 동네를 가서 먼저 둘러보고 정보를 알아내는 행위를 '임장'이라고 한다. 나는 임대주택을 준비하는 분들도, 공고문과 인터넷 검색으로만 준비하지 말고 꼭! 임장을 하셨으면 좋겠다.

2015년 11월이 다가오던 때였다. 날씨가 점점 쌀쌀해지던 무렵, 나는 국민임대/장기전세 3점 가점표로 나름 높은 점수 16점을 구축하고 애타게 공고를 기다리고 있었다. 그해 10월 남편의 청약통장에 횟수가 더해져서 1점이 더 추가됐다. 그야말로 17점은 신이 주신 점수라고 해도 과언이 아니었다. 그런 17점이지만 3자녀가 무조건 우선순위라서, 3자녀 10점도 이길 수 없다는 점에서 보면 한순간도 마음을 놓을 수 없었다. 그해는 11월만 기다리며 살았다고 해도 틀린 말은 아닐 것이다.

그해 초에 16점으로 헛발질을 하느라 기회를 날렸기에 심기일전해서 17점을 구축했으나, 나의 사랑스러운 차상위 가점 3점은 다가오는 11월 소득 조회에 들어가면 눈 녹듯 사라질 예정이었다. 그러므로 타이밍이 기가 막히게 중요했다.

모든 점수는 공고일 기준으로 적용된다. 공고일에 차상위 증명서가 발급된다면, 결과 발표 전에 차상위가 박탈되어도 점수는 유지된다. 또한 남편의 제조업 점수 3점도 그해 겨울 이직을 앞두고 있었으므로 곧 증발할 예정이었다. 그해 11월로 예정된 공고에서 반드시 결과를 내야만 했다.

시간은 더디 가고, 공고가 나오기 전에 더 준비할 만한 액션이 없을까 고민을 했다.

그래서 국민임대/장기전세 3점 가점표로 쓸 수 있는 잠재적인 우리 집 대상지를 찾기 위해 말 그대로 임장을 하기로 결정했다. 물론 당시 살던 천왕 2지구 1단지 59형 장기전세를 애타게 기다렸지만, 다음 공고에 그 단지가 나온다는 보장이 없기 때문에 플랜 A부터 Z까지 세워놓아야 했다.

나는 서울 서쪽을 기준으로 살던 사람이라, 내가 감당할 수 있는 당시 심리적 이동 거리를 마곡까지로 잡았다. 그날은 날씨가 꽤나 쌀쌀했는데, 혼자 버스를 타고 천왕에서 출발해서 신정지구(신정 이펜하우스) 동네를 걸어서 돌면서 단지별 특성을 파악하고, 다시 버스를 타고 이동해서 발산지구(마곡 수명산파크)를 7단지부터 걸어서 연결된 마곡지구(마곡 엠밸리)까지 이동하면서 단지를 살폈다. 남편은 차로 쓱 한 바퀴 돌면 되는데, 추위 속에 괜한 짓을 한다 했지만, 걸어서 동네를 볼 때의 느낌은 확연히 달랐다.

당시에는 공가가 나올 경우, 단지별로 신청을 따로 받았기 때문에 같은 지구 내에서도 단지 선택에 삐끗하면 떨어지기 일쑤였다. 천왕지구는 7호선 천왕역을 중심으로 펼쳐진 역세권이며, 현재는 신규 초등학교 2개, 병설 유치원 하나, 단설 유치원 하나, 국공립 어린이집이 10개 이상인 평화로운 단지이다. 동별 간격이 좋은 편이고, 전철역에서 가까운 단지가 매매 시세가 더 비싸다. 집값이 더 비싼 곳은 상대적으로 그 단지 내 임대주택도 선호하는 사람이 많다고 보아도 무방하겠다. 단지 사람들이 다 자기가 살고 싶은 곳에 단순히 패를 던지지 않는다는 게 이 임대주택 판을 읽는 데 트릭으로 작용하긴 하지만 말이다.

신정지구는 일단 조용하고 평화로운 계획도시 같은 느낌이 장점이었다. SH 공사의 택지지구는 왜 그런지는 모르겠지만 대부분 중심 단지가 3단지이다. (최근 분양과 임대를 진행한 항동 신규 단지도 그러하다.) 천왕, 신정, 발산 모두 3단지 앞에 학교 및 상업지구가 배치되어 있다. 즉 3단지가 가장 살기 편하다고 판단할 수 있겠다. 신정 이펜하우스 1, 2단지는 아주 큰 길을 건너서 초등학교에 가야 하므로 어린아이가 있는 집에서는 선호하지 않을 것 같았다. (역대 공고들과 커트라인을 보니, 신정 이펜하우스 1, 2단지 컷이 상당히 낮은 적이 있었다. 그러나 다음 공고에 다시 나왔을 때는 사람들이 전 커트라인이 똑같이 발생하길 믿고 많이 넣는 바람에 컷이 쑥 올라가버렸다.)

신정지구 이야기를 조금 더 하자면, 이곳의 가장 큰 어려움은 교통이다. 걸어서 갈 수 있는 지하철역은 없다고 보면 되고, 4단지 앞에서 버스를 타고 여의도까지 나갈 수 있는 구조였다. 워낙 지구가 크고, 경사가 있어서 유모차 이동도 쉽지 않겠다고 생각했다. 그 다음으로 서부 트럭터미널까지 걸어 나와서 388번 버스를 타고 발산지구로 향했다.

발산지구는 마곡 수명산파크라는 이름으로 마곡지구와 붙어 있는 택지지구이다. 발산지구는 2007년에 최초 공급되었으므로 신축이라기보다는 기축이 되었으며, 가장 큰 장점은 보증금이 여전히 아주 저렴하고 가장 큰 단점은 엘리베이터가 지하 주차장까지 연결되어 있지 않아서 공동현관 밖으로 나와서 다시 주차장용 엘리베이터로 갈아타야 한다는 점이었다. 나는 여지껏 돌아다니면서 경비 아저씨에게 쫓겨나지 않은 것이 다행일 정도로 두리번거리면서 정보를 흡수했다. 발산지구 같은 경우 공동복도의 창호 재질까지 눈에 스캔했을 정도니 말이다. 그 뒤 걸어서 마곡지구에 도착했다.

마곡지구는 최초 공급 당시 7단지와 14단지의 경쟁률이 높았다. 14단지가 대단지고 학교도 가까워서 그랬던 것 같다. 14단지부터 당시 공사 중이던 10, 11, 12단지를 거쳐 마곡지구 북쪽 끝에 위치한 2단지를 찍고 마곡지구에 숨겨진 매력이 담긴 4단지까지 걸었다. 눈으로 스캔하고 머릿속 컴퓨터에 바로 정보를 정리했다. 마곡지구는 너무 스케일이 커서 단지별 분석에 또 다른 한 챕터를 할애하는 것이 좋을 것 같다.

마곡지구는 5호선 마곡역을 중심으로 10단지에서

15단지가 있고, 9호선 마곡나루역에 4단지, 7단지, 9호선 신방화역 주변에 1, 2, 3, 5, 6단지가 있다. 8, 9단지는 더블 역세권이며 5, 9호선으로 걸어가는 데 각 7분에서 10분 씩 보면 된다. 학교는 6, 8단지 앞에 공항초가 있고, 1, 2, 3 단지 앞에 공립 단설 마곡유치원과 송화초등학교가 있다. 마곡지구의 가장 큰 매력은 모두 평지라는 점이다. 라이더를 달고 있는 우리 유모차를 생각하며, 나는 평지에 큰 점수를 주었다. 사실 마곡지구 임장 필수 코스는 4단지였다. 4단지는 지금이야 7단지 다음 매매가를 자랑하지만 그 당시만 해도 "4단지는 대체 어디 있어"라고 할 정도로 존재감이 약한 곳이었다.

사실, 위 단지들을 임장하면서 각 단지에서 지구 중심 상가까지 거리, 학교까지 이동 거리, 시내 중심지로 나가는 버스 노선, 유모차 이동경로 등을 세밀하게 살폈고, 더 디테일하게는 모든 단지가 소셜 믹스였으므로 단지별 동 배치도 살폈다. SH의 팸플릿 코너에는 단지별 개요 및 호수별 평면도 자료까지 다 있다.

핸드폰으로 팸플릿을 열어서 지나가는 단지마다 '아, 이 단지는 이곳이 장기전세 동이고, 이곳이 국민임대 동이고, 여기가 일반분양이구나' 하면서 살폈다. 만약 공가가 어느 동 어느 호에 나오면 빛이 잘 드는 집인지 미리 확인하고 싶었을 뿐이다. 꼭 남향이어야 한다기보다 내가 집에

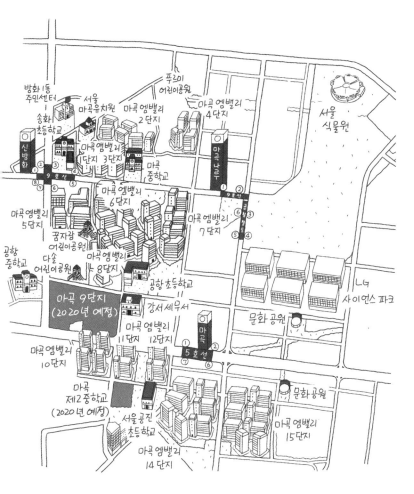

있는 시간에 햇빛이 집 안을 똑똑똑 두드리며 방문하는지를 중요하게 보았기 때문이다.

그래서 인터넷으로 정보를 찾는 것은 충분치 않다고 말씀 드리고 싶다. 어떤 단지는 단지 배치도를 보면 괜찮은데, 앞뒤 단지 사이에 끼어서 빛이 적게 들어오는 동도 있고 어떤 단지는 앞에 높은 건물이 올라가는 공사가 곧 시작될 예정인 단지도 있다. 집을 사는 것도 아닌데, 뭘 그리 깐깐하게 따지냐고 할 수 있지만, 59형은 국민임대도 장기전세도 최소 억 단위의 보증금을 낸다.

나는 임대주택의 혜택을 받고 있지만, 공짜로 살고 있는 것이 아니다. 그러므로 내가 지불하고 있는 돈이 나에게 최대한의 가치를 해주길 바라는 마음에서 이런 고생을 조금 더 하는 것뿐이다. 물론, 당첨이 된다면야 동호수는 SH의 컴퓨터가 자동랜덤 추첨을 해주지만, 적어도 내가 괜찮게 생각하는 동호수가 더 많은 단지에 지원할 수도 있는 거긴 하니까 말이다.

11월 며칠에 공고가 나오느냐에 따라 내 점수는 11점까지
도 떨어질 수 있는 상황이었다. 그러나 막상 11월 1일이 되
자, 우습지만 득도한 것처럼 마음이 잡혔다. 나는 당시 국
민임대 49형에 거주하고 있어서 국민임대 59형은 감점을
받고 12점으로 지원해야 했고, 장기전세는 3점 가점표 기
준으로 경이로운 점수 17점이라서 똑같이 11월로 예정되
어 있던 두 공고 중 장기전세가 먼저 나와주길 바랐으나,
11월 3일에 SH 국민임대 공고가 먼저 뜨고 말았다.

　SH에서 메이저 공고가 한 번 뜨면 그 메이저 공고의 서
류 대상자가 발표될 때까지 다음 메이저 공고를 내지 않는

편이다. 즉, 장기전세는 11월의 끝자락을 붙잡고 내겠다는 말로 해석될 수 있었다. 아, 과연 이번에는 59형 방 3개 임대주택으로 점프할 수 있을까?

방 2개에서 3개로 가려던 내 계획은 2015년 11월에 기다리고 기다리던 장기전세보다 국민임대 공고가 먼저 나오면서 빨간불이 켜지는 듯했다. 당시 국민임대 천왕 2지구 1단지 연지타운 49형에 살고 있었기 때문에 국민임대 가점은 17점이었지만 5점 감점을 받으면서 12점이 되었다. 나의 SH 국민임대, 3점 가점표에 따른 17점은 차상위 의료보험 3점과 제조업 종사자 3점으로 잠시 끌어올려놓은 신기루 같은 점수였다.

차상위는 신청자 본인이 아니어도 가족 구성원 중에 차상위가 있다고 증명하면 되지만, 제조업 종사자 가점은 신청자 본인이 중소기업 제조업 신고가 된 회사에 종사해야 한다. 실제 제조 공정 라인에서 일하는지를 묻는 것이 아니라 현재 다니는 회사의 사업자등록증 항목이 제조로 되어 있느냐를 보는 가점이다.

감점 받은 12점으로 국민임대 공고를 어떻게 대처할까 고민에 들어갔다. 내 목표는 방 3개가 있는 임대주택으로 이사 가는 것이었다. 일단, 당시 천왕에는 방 3개짜리가 국민임대가 아니라 장기전세로만 나왔기에 다른 지역을 선택해야 했다. 앞서 임장 이야기를 하면서 얘기한 것을 이번 선택의 베이스 삼아서 일단 12점으로 된다는 생각 없이 버리는 패로 사용하기로 마음먹었다. 그때는 장기전세 59형으로 끝장을 본다는 취지였기 때문에 국민임대는 모의고사 보는 마음으로 가볍게 여기고 싶었다. 하지만 이놈의 내 머리는 한 번 먹이를 물면 놓칠 줄을 몰랐다.

그래, 마곡지구 중에서 고르자. 그 공고에는 8단지, 10단지, 11단지, 12단지 국민임대 59형 신규가 공급되는 차수여서 물량이 많은 편이었다. 대략 각 단지 신규에 30개씩 물량이 나왔으므로, 단지 선택만 잘하면 왠지 12점도 될 듯 말듯한 느낌이 들었다. 1, 2, 3, 4, 5, 6, 7단지를 포함한 마곡 1차 59형 국민임대 모든 커트라인을 SH 도시주택공사 홈페이지에서 찾아서 스크랩하고 분석에 돌입했다. 그냥 점수만 본 것이 아니다. 신규 공급일 경우, 공가 공급일 경우 인근 지역 타 단지와 나왔을 경우, 지역에 홀로 나왔을 경우, 물량이 5개 이하인 경우, 5개 이상인 경우 그 단지의 총 59형 갯수(예비자 산정에 도움을 줄 데이터) 등 경우의 수를 분석하며 어떻게든 가능성을 만들어 보려고 몇 날 며칠 밤을 숫자만 쳐다보았다.

아무리 계산을 돌리고 예측을 해봐도 내 예상대로라면 신규단지 8, 10, 11, 12 단지 59형의 인기순은 8단지, 12단지, 10단지, 11단지 순일 듯했다. 커트라인도 저 순서대로 갈 것이다. 11단지가 틈새 공략을 치기 좋은 단지임에 틀림없지만 계속 고민을 해도, 서류 컷이 12점이고 예비자 최하위가 12점으로 예상되어 당첨은 그 윗 점수에 나올 것으로 분석했다. 12점으로 예비자 획득에 패를 걸고 그냥 11단지에 던질까 고민을 하다가 마곡 다른 단지들이 나온 것이 보였다.

2단지 하나, 3단지 하나, 4단지 두 개, 7단지 다섯 개의 공가가 신규 공급과 같이 나와 있었다. 현재는 공가를 단지별로 통합 선발하지만 2015년 가을에는 단지별 신청이 유효했다. 7단지는 마곡 최고의 인기 단지이므로 5개여도 3자녀 컷으로 결정될 것 같았다. 한편 3자녀들은 신규 일반에 넣으면 무조건 되는데 혹시 넣었다가 될지 안될지 모르는 공가를 쓸 이유가 없다는 확신이 들었다.

그렇게 7단지도 제끼고 이제 나의 선택은 2, 3, 4단지 중에 하나로 좁혀졌다. 이렇게 글로 쓰니 찰나의 고민 같지만, 공고가 나온 날부터 신청하는 날까지 몇날 며칠을 밤을 잊고 했던 고민이었다. 그 와중에도 그냥 신규에 던져볼까 하는 유혹이 계속 들긴 했다. 12점으로 마곡 2, 3, 4단지 59형에 선정될 턱이 없다는 게 자명함에도 내 고민은 마치 된 것처럼 진지했다.

개인적으로는 2단지가 맘에 들었다. 공립 단설 마곡유치원과 1분 거리였고 신방화역과도 3분 거리, 초등학교도 3분 거리였다. 3단지도 바로 옆이긴 했는데, 당시 나왔던 공가가 앞이 막힌 서향이었던 걸로 기억한다. 그래서 남향 집이 나온 2단지가 더 끌렸을지도 모른다. 음, 4단지는 마곡나루역에서 5분 거리고 학교까지 10분 이상 걸어야 한다는 점이 마음에 걸렸지만, 그래도 비인기 단지라는 점에서 승부를 걸어볼 만했다. 그리고 59형 중에 4Bay가 많은 유일한 단지였다. 공가도 그러했고.

여러분이라면 어떤 선택을 하겠는가?

2단지 한 개, 3단지 한 개, 4단지 두 개.

진짜 머리가 과열될 정도로 돌려본 결과, 내 예측이 맞다면 4단지는 왠지 12점으로 될 것 같았다. 2단지나 3단지에 쓰는 것은 한 명 뽑는 곳에 사표를 만드는 것 같았다. 신청 클릭의 임무를 맡은 남편에게 최종 보고서를 건넸다.

"내 생각에는 4단지에 신청하면 될 수도 있을 것 같은데, 가장 맘에 드는 것은 2단지야. 하지만 방 3개라는 의미가 있으니 4단지로 할까?"

남편의 답장이 왔다.

"알아서 할게~"

그렇게 긴장했던 선택을 마치고, 혹시나 될지도 모른다는 김칫국을 마시면서 공립 단설 서울 마곡유치원에 원서를 넣었다. 그 다음 날인가 경쟁률이 나왔다.

두둥!

2단지, 3단지, 4단지 모두 11대 1의 경쟁률이었다. 참, 어떻게 짜고 친 것도 아닌데. 어찌 저렇게 똑같이 분배되었는지 원. 남편은 2단지를 신청했단다. 헐… 사실 1가구 뽑는 것은 경쟁율이 무의미하다. 최상위 점수 한 명만 당첨이니까 말이다. 이미 던져진 주사위, 이제 서류 컷과 커밍 쏜 장기전세 공고를 기다리면 될 일이었다. 그 와중에 첫째가 공립 단설 마곡유치원에 선발되었다는 소식이 반전이긴 했지

마곡엠밸리	일반공급	신청자	서류 커트라인
2단지	1	11	1순위 12점
3단지	1	11	1순위 12점
4단지	2	22	1순위 11점
7단지	5	106	1순위 14점
8단지	22	402	1순위 13점
10단지	61	1190	1순위 13점
11단지	39	310	1순위 12점
12단지	66	440	1순위 13점

만 말이다. 이제 유치원을 지키기 위해서라도 11대 1을 뚫고 싶은 마음이 간절해졌다. 그리하여 서류 컷은 이러했다.

오~ 대박!

3대 1로 압축되는 서류 컷에 우리까지 그물에 걸리듯 걸려준 것이다. 정확히 말하면 2단지는 서류 대상자가 4명이었다. 그럼 3등은 동점 2명이라는 이야기다. 1등 점수, 2등 점수, 공동 3등 2명, 이렇게 4명에게 서류 제출을 받아준단다. 와우! 한편으로는 내 말대로 4단지를 썼으면 한번에 되었을 텐데, 2단지는 딱 보니 예비자 각인데 이러다 유치원 날리겠네 하며 조금은 아쉬움이 들기도 했다.

그래도 다가올 장기전세가 있으니 천왕 2지구에서 결판을 보면 된다는 생각에 공립 단설 하늘숲 유치원도 신청했고, 선발이 됐다. 사실 이렇게 유치원이 선발되기 쉬운 것이 아닌데, 여기저기 됐다니까 이상하지 않은가? 이게 바로 차상위의 힘이다.

이 장의 제목은 '공고일 기준이 무슨 뜻?'이다. 임대주택은 공고일로부터 최종 결과가 나오기까지 최소 3달 이상 걸린다. 3달 안에 신청인의 조건이 바뀔수도 있는 것이다. 그러면 그럴 때 자격을 잃거나 점수가 내려가는 것이냐 하면 그런 부분도 있고, 아닌 부분도 있다. 정확히 하자면 59형 이상 임대주택은 청약통장 24회 이상 자격은 끝까지 유지해야 한다. 국민임대 49형 일반의 경우는 지역 자치구 1순위로 신청할 경우 발표 시까지 그 지역에서 주민등록을 옮기면 안 된다. 위 두 가지는 자격에 해당하는 것이고, 가점 부분에서는 공고문이 나온 날짜로 서류 발급

2015년 2차 국민임대 마곡지구 분석

마곡엠밸리	일반공급	신청자	커트라인	예비 커트라인
2단지	1	11	1순위 15점	1순위 12점
3단지	1	11	1순위 14점	1순위 12점
4단지	2	22	1순위 11점	1순위 11점
7단지	5	106	1순위 3자녀 13점	1순위 14점
8단지	22	402	1순위 16점	1순위 13점
10단지	61	1190	1순위 14점	1순위 13점
11단지	39	310	1순위 13점	1순위 12점
12단지	66	440	1순위 16점	1순위 13점

을 받으면 인정을 해주는 부분이 있다.

그러므로 나의 차상위는 이 공고의 서류 심사가 진행 중인 중간에 해제되었지만, 점수가 유효했고 남편의 제조업 점수 또한 그러했다. 중간에 이직을 해도 공고일 기준 점수를 받을 수 있다는 말이다.

임대주택뿐 아니라, 유치원 신청도 그랬다. 11월 1일 이후 발급된 서류라고 명시했으므로, 예를 들어 우리 아이가 11월 25일에 차상위 해제 통보를 받는다고 해도 내년 입학이 확정되었던 것이다. 그래서 마곡지구 국민임대 신청 최종 결과는 어떻게 되었을까?

4단지를 넣었으면 한 번에 됐을 거라는 내 예상이 맞았다. 우리는 2단지를 신청했지만 그래도 동점자가 있는데도 컴퓨터 추첨으로 더 앞순위의 예비번호를 받았다는 것에 의미가 있었다. 그렇게 3자녀가 아닌 일반 12점으로 한 가구를 뽑는 바늘구멍에 도전한 것은 일단 그렇게 한 단락을 맺었다. 11단지를 신청했으면 예비 끝번에 가까운 결과였을텐데, 가격이 멋진 국민임대 59형 신규 공급에서 예비가 끝까지 돌기는 쉽지 않다. 그래서 똑같이 예비자가 된다면, 2단지 약 60가구에서 예비 2번이 되는 것이 신규 단지 물량 40개 중에 예비 40번이 되는 것보다 입주 확률이 높은 것이다. 예비 2번이었던 우리는 그 후에 어떻게 됐을까?

벌써 몇 해 전 11월이라니, 시간이 이렇게 빠르다.

　그해 11월은 국민임대 공고가 11월 3일, 장기전세 공고가 11월 26일에 나오면서 두근두근 심장이 쉬지 못했던 달이었다. 국민임대를 모의고사 삼아 장기전세 최종 전략을 점검했다. 당시 국민임대에 거주하고 있어서 받는 페널티 5점을 헌납하고 일반 12점으로 공가 하나 나온 곳에 서류 제출자 선정까지 그야말로 숨가쁘게 진행됐다. 그러나 방 3개짜리 임대주택을 향한 도전은 키를 받기 전까지 끝난 것이 아니라 서류 제출자 혹은 예비자는 기분은 좋을 수 있으나 명백히 그 단지에 들어갈 수 있다는 확정이 아니기에 별개의 이야기가 될 수 있다.

감점을 받고도 12점이라는 것은 내 원점수가 국민임 대와 장기전세 3점 가점표로는 17점이라는 이야기였다. 17점을 차상위와 제조업으로 유지하던 그때, 예상은 했지 만 한 통의 반가워야 할지 말지 싶은 편지가 왔다.

구로구청.

차상위 기준 소득 초과로 차상위 자격을 해제하겠다 는 내용이었다.

그때는 장기전세 공고일 전이었기 때문에 하루하루 공 고가 먼저일지 차상위 해제가 먼저일지 머리를 싸매며 밥 을 먹는 둥 마는 둥하며 살 때였다. 결국 차상위 해제 통 보가 먼저 왔고 장기전세를 14점으로 준비해야 할 처지 에 놓였다. 차상위와는 애틋한 추억이 너무 많은 고로 고 마운 마음이 가득했다. '우리 이별을 하루만 미루면 안 될 까? 아니 일주일만 아니 딱 한 달만.'

혼자 편지를 보는데 방 3개짜리 임대주택을 향한 나의 발버둥이 주마등처럼 스쳐갔다. 이렇게 고득점에서 이탈 하게 되자 그냥 공고 나오면 살고 싶은 곳에나 던져봐야겠 다는 반은 자포자기한 마음이 들기도 했다. 혹시나 해서 콜센터에 차상위 증명서 발급을 요청했으나, 더 이상 어렵 다는 말이 돌아왔다.

그래, 차상위를 졸업했다는 것은 우리 가정이 경제적

으로 조금씩 더 건강해져 가고 있다는 증거이니 나름 기뻐하자며 마음을 다독거렸다.

그 후 장기전세 공고가 11월 26일에 나왔다. 그렇게도 기다리고 기다리던, 그 당시 내가 거주하고 있던 천왕 2지구 연지타운 1단지 59형 공가가 그 공고에 포함되어 있었다. 와~ 17점이었으면 되고도 남았을 것 같다는 생각이 드니 눈물이 글썽글썽해졌다. 1년 넘게 점수를 만들고 찾고 유지하며 기다리던 딱 그 집이 내 앞에 있는데 눈앞을 천천히 스쳐가는 듯했다.

그 겨울의 바람이 유독 춥게 느껴졌다. 14점으로는 음, 천왕지구를 쓰기에는 불안한 점수로 보였다. 신정 이펜하우스나 발산지구 마곡 수명산파크 쪽으로 눈을 돌려야 하나. 14점으로 지원할 경우, 17점으로 지원할 경우 모두 다 시뮬레이션을 해놓긴 했지만, 지금 살고 있는 단지를 보고도 모르는 척하기가 쉽지 않았다. 마음이란 게 참….

한 공고의 구성을 보면 같은 지구에서 여러 단지 나온 곳을 쓰는 것이 첫 번째 전략이긴 하다. 아무래도 분산이 되기 때문이다. 각 지구들은 잠재적 수요, 그 지역만 노리는 사람들이 반드시 있다. 예를 들어 한 지구에 59형이 딱 한 단지만 나오면 모두 그 단지를 쓸 수밖에 없다.

이번 공고에는 신정 이펜하우스 59형도 3단지만 나오

고, 발산 마곡 수명산파크도 2단지만 나와서 사실 유효한 옵션이 더 이상 아니었다. 59형이 여러 단지로 함께 나온 은평, 상암, 천왕 중에 선택하긴 해야 되겠는데, 사실 14점이면 은평을 쓰는 것이 당시에는 당첨권으로 보였다.

나는 서쪽만 보았기 때문에, 천왕, 신정, 발산, 마곡, 상암, 은평만 데이터를 분석했었다. 동쪽 및 강남권도 우면(서초 네이처힐), 세곡, 내곡, 장지, 강일, 위례 등 나름의 노선이 있지만, 아무래도 동남쪽이 서쪽보다는 수요자가 많아서 경쟁이 심한 양상을 보여왔다. 경쟁율에 관해서는 인기 많은 절대적 단지만 잘 골라서 피하면 되는 것이 아니다. 그 공고에 같이 나온 단지들의 포지셔닝을 캐치해야 길이 보인다. 내 심리적 이동 거리는 지난 글에서 마곡까지였다고 말씀드렸기에, 상암과 은평도 좋은 곳이지만 당첨되더라도 안 갈 곳이면 안 쓰는 게 낫다는 판단으로 천왕으로 고! 하기로 했다. 못 먹어도 고!

감사하게도 천왕은 3군데 단지가 동시에 나왔다. 내가 가장 원했던 곳은 연지타운 1단지 59형이었는데 물량은 2개였다. 연지타운 2단지 59형 물량이 2개, 천왕 이펜하우스 5단지 물량이 5개였다.

당신이라면 이 중에 어떤 선택을 하겠는가?

천왕 연지타운 1단지는 초역세권이고 보증금이 가장 높았다. 천왕 연지타운 2단지는 역은 10분 거리이지만 대

천왕 지구	일반 공급	경쟁률	보증금(원)
천왕2지구 연지타운 1단지	2	38.5:1	157,610,000
천왕2지구 연지타운 2단지	2	45:1	137,170,000
천왕1지구 이펜하우스 5단지	5	45.8:1	144,810,000

단지 초품아 예정이고 1단지에 비해 보증금이 더 저렴했
다. 천왕 이펜하우스 5단지는 역에서 10분 거리, 초교 5분
거리이고, 물량이 5개로 가장 많았다.

신청 전의 내 판단으로는 사실 14점으로는 어느 쪽이
나 승산이 없어 보이는 것이 사실이었다. 안 그래도 마음
이 심란한데, 둘째 아이가 또 아팠다. 이제 제법 컸으니
14번째 입원만은 아니길 바라면서 소아과에 갔다. 다행히
처방전만 주셔서 계산하려고 카드를 내밀었다.

"천원입니다."
"네? 천원이요? 저희 이제 차상위 아닌데요."

그게 신청하기 전 주 일요일이었다.

"전산상에는 아직 차상위로 등록되어 있으세요."

망치로 한 대 맞은 것 같은 충격이 왔다. 혹시 혹시 혹시, 차상위 증명 발급이 가능할지는 내일 월요일 아침 9시가 되어야 알 수 있을 터! 밤새 잠을 못 이루고 7호선 전철을 타고 출근을 했다. 남편에게 9시 정각에 콜센터말고 담당부서에 전화를 해서 물어보라고 당부를 했다. 강남으로 향하는 7호선 만원 전철에서 드디어 카톡이 왔다. 남편에게서 온 이미지였다.

그 사진은 팩스로 받은 차상위 서류였고, 그날 날짜가 찍혀 있었다!

오!

오!

오!

대박! 진짜 7호선 출근 전철에서 그 사진을 보고 사람들이 쳐다볼 정도로 울었다. 이제 다시 17점이다. 바람이 불면 꺼질 듯한 촛불을 지키는 것처럼 애간장 태웠던 그 17점. 그 사진을 보고 확신이 들었다. 이번 장기전세에 내가 원하는 결과를 얻을 수 있을 것이라는 확신!

그건 비단 17점이 주는 안정감만은 아니었다. 내가 발굴하고 애써 지켜온 17점은 3자녀 1점에게 눌리는 점수이다.

뭐랄까, 말로 다 설명할 수 없는 하나님의 영역이랄까?

열심을 넘어 치밀하게 준비하며 사는 사람들은 공감할 것이다. 인간의 노력으로 어느 지점까지 가면, 분명히 한계

천왕지구	일반 공급	경쟁률	보증금(원)	서류 컷
연지타운 1단지	2	38.5:1	157,610,000	1순위 15점
연지타운 2단지	2	45:1	137,170,000	1순위 16점
이펜하우스 5단지	5	45.8:1	144,810,000	1순위 17점

를 만나는 것을. 그때가 그분에게 진솔하게 도움을 요청할 때이다.

17점!

이제 이것저것 잴 것 없다. 나는 당시 내가 살고 있던 단지에 내 패를 던지기로 했다.

서류 컷 발표날이 오고야 말았다. 나는 서류 컷만 보고도 최종결과를 예측할 수 있을 것이라 생각했다. 서류 컷은 순서대로 15점, 16점, 17점으로 공지되었다. 물량이 5개로 가장 많았던 5단지가 가장 높은 점수에서 짤렸다는 말은 고득점자들이 저기로 몰렸다는 이야기다. 이론은 역시 내가 여러 번 겪은 것처럼 간단하다. 물량이 많으면 될 것 같다는 느낌이 들기 때문이다. 그리고 교통이 약간 불편한 연지타운 2단지가 1단지보다 커트라인이 높은 이유는 보증금이 더 저렴하기 때문이다. 임대주택 신청자들에게 천만 원 이천만 원은 큰 차이다. 아무래도 보증금이 높은 쪽 경쟁율이 낮아지기 마련이다. 경쟁율이 낮다고 해봤자 35대 1이지만 말이다. 감사하게도 우리가 신청한 단지는 3배수를 뽑았을 때, 15점 서류 컷이었으므로 이제 관건은 내 위에 3자녀가 몇 명이냐는 것이었다. 3자녀가 2명 있으면, 게임오버였다.

서류 컷을 발표하고도 100일 정도 시간을 보내야 했다. 그 사이에 유치원도 픽스해야 했는데, 장기전세 발표가 3월 중순이었다. SH에서 이런 부분은 조금만 배려해주면 좋겠다는 생각이 들었다. 대부분의 가정이 이사를 학기 시작 전에 한다. 그 이유는 당연히 아이들 교육기관 세팅이 중간에는 어렵기 때문이다. 물론 나는 혹시나 당첨될지 모르는 국민임대 마곡지구 유치원과 어린이집까지 모두 걸어놓고 확정까지 받아놓았지만, 3월 전에는 어느 쪽이든 하나만 살려야 했다.

적어도 결과 발표를 2월 28일까지만 해주면 한 끗 차이지만 임대주택 이용자들에게 큰 도움이 될 것이다. 이건 서류 검토를 일찍 해야 한다는 이야기가 아니라, 공급계획을 세울 때부터, 어떤 이용자들이 이 제도를 이용하는지에 대한 고민까지 수반되어야 한다는 이야기이다. 그렇게 35대 1에서 3대 1로 걸러지고도 꺼져가는 내 희망을 살려준 차상위 서류를 받은 날의 확신은 지속되었다.

이번엔 되어야만 했다. 내 점수 중 차상위 3점과 제조

천왕지구	일반 공급	경쟁률	보증금(원)	서류컷	당첨 컷	예비 컷
연지타운 1단지	2	38.5:1	157,610,000	1순위 15점	17점	15점
연지타운 2단지	2	45:1	137,170,000	1순위 16점	3자녀 13점	3자녀 12점
이펜하우스 5단지	5	45.8:1	144,810,000	1순위 17점	3자녀 13점	3자녀 11점

업 3점은 겨울이 지나면 녹아버릴 눈사람처럼 사라질 것이다. 이번엔 방 3개를 획득해야 한다는 열정 이상의 간절함으로 겸허히 내 선택에 대한 결과를 기다렸다. 그 사이 마곡지구 국민임대 공가 하나에 대한 예비 2번을 받았다. 공가가 하나였으므로, 예비 2번은 큰 의미가 없어 보여서 공립 단설 마곡유치원과 국공립 어린이집들에 포기한다고 연락을 드렸다.

마곡유치원에서 포기한다고 전화했더니 정말이냐고 재차 너무 놀라며 물으셨다. 아, 아무리 긍정적으로 생각해도 3월에 나올 예비 1차에서 예비 2번까지 가주지는 않을 것 같았다. 그렇게 3월이 지나 18일이 되었다.

2시는 금세 다가왔다. 그날도 회사에 있었다. 2시에 남편에게 문자가 왔다.

"축하해요, 103동 000호"

오! 내 위에 3자녀는 한 분만 있었던 것이다. 반면 천왕 연지타운 2단지와 천왕 이펜하우스 5단지는 둘 다 3자녀 13점까지만 당첨이 되었다. 처음 신청 때부터 갖고 있던 평안함은 결과 발표날까지 이어졌다. 우린 이제 옆옆 동으로 이사 갈 것이다. 관리소에 가서 집을 보여달라고 하자 소장님이 말씀하시길 공가가 2개였는데, 우리가 당첨된 집이 더 깨끗하다며, 안내해주셨다.

남서향의 빛이 따스하게 들어오는 집이 날 반겨주었다. 이전 분이 딱 1년만 살고 나가셨다는데, 여지껏 왜인지 공고에 포함되지 않다가 이번 공고에 포함된 집이었다. 그 집이 날 기다려 주었다는 생각이 들었다.

만나서 반가워, 잘 부탁해!

애써 준비하고 우여곡절 끝에 만났던 집이라 지금 생각해도 참 마음이 파스텔톤으로 물들 정도로 예쁜 집이었다. 이제 이 집에서 오래오래 행복하게 살면 되겠지라고 또 잠시나마 생각했다. ^^

2015년 11월에 공고가 난 장기전세의 결과는 3월에 나왔는데, 그 결과가 나올 즈음 우리는 차상위에서 해제되었고, 남편도 이직으로 인해 제조업 가점이 사라졌다. 그러니 참으로 기막힌 타이밍이었던 것이다. 이 모든 것이 가능했던 이유는 공고일 기준으로 자격을 검토하기 때문이다.

　　종종 같은 단지 내에 있는 장기전세 친구 집에 가서 방이 3개인 것을 살짝 부러워도 했는데, 30년 된 원룸형 15평 신도림 미성아파트에서 탈출한 지 2년 만에 초역세권 방 3개짜리 새 아파트에 20년(재계약시 5% 이하 상승) 거주할 수 있는 기회를 얻게 된 것이었다.

"그래 봤자 네 집도 아니잖아"라고 비웃는 사람도 있을 것이고, 빚내서 무조건 사야 한다고 혀를 쯧쯧 차는 어른들도 당연히 계시리라. 그런 방법이 있는 줄 몰라서 임대주택을 선택한 것은 아니다. 각 가정은 모두 출발점이 다르고, 돈을 버는 속도도 다르며, 맞벌이 가능 여부 등도 다르다. 그러므로 그 가정의 최대치 노력에 대한 현재의 결과도 다를 수밖에 없다.

예를 들어 총 자산이 5천만 원인 사람한테, 넌 빚내서 5억짜리 집 안 사고 월세 내고 살고 있으니 노력하지 않고 있다고 손가락질할 수 있는 사람이 있을까? 많은 사람들, 특히 아이가 있는 부모라면 많고 적음을 떠나 모두 자기 자녀를 위해 최선을 다해서 산다. 팩트를 투척하자면 아이들은 본인이 지금 살고 있는 집이 우리 집이라고 느끼고 평안하게 산다. 유주택자니 무주택자니 좋은 곳에서 사는 게 자존감을 높이니 어떻니 하는 것은 어른들의 머릿속에서만 일어나는 일이다.

교통의 요지이고 학군 좋은 곳에 새 집을 사 놓고, "여기가 우리가 산 집이야"라고 말해도 아이는 그 집을 탈출하고 싶은 마음을 갖게 될지도 모른다.

대출로 집 산 사람을 비난하고 있는 게 아니다. 나도 한국에 사는 한 언젠가 그렇게 될 가능성이 크지 않겠는가? 다만, 모든 가정마다 맞는 시기가 있다고 말하고 싶다. 각 가정이 대출을 견딜 수 있는 결속력과 실력을 준비할 수 있는 시기가 있을 것이고, 맞벌이가 원활하게 가능해지는 아이들이 크는 시기가 도래할 것이다. 그러면 "부동산 투자할 타이밍 다 놓쳐"라고 말할 수도 있지만, 소탐대실하고 싶지는 않다. 내가 정신 승리하고 있는 건지도 모르겠다. 하하.

나는 임대주택을 사다리 혹은 물에 빠진 사람에게 던져줄 수 있는 밧줄이라고 표현한다. 인생의 어느 시기에 나는 분명 국가의 예산이 들어간 혜택을 받고 있고, 이것에 일종의 책임감을 갖고 있다. 내가 받은 도움을 갚기 위해 어느 부분이든 사회에 도움이 되고 싶다는 작은 바람이 있다. 이 책을 통해 많은 분들이 자신에게 맞는 제도를 알게 된다면, 조금은 그 일을 이룬 것 같아 기쁠 것 같다.

나는 아직 집이 없는 사람에 해당하지만 물론 집 가진 사람이 적폐라고 생각하지도 않고, 임대주택이 평생의 해답이라고 생각하지도 않는다. 우리 부모님도, 시부모님도 현재 살고 계신 집 한 채 있으시다. 그게 평생 노력의 결과물이라면, 누가 그것을 비난할 수 있겠는가?

임대주택을 선택한 이유는 앞에도 많이 이야기했지만, 은근히 표현하기 어려웠던 진짜 이유에 대해 여기서 이야기해보려 한다. 내 경험담은 이제 반환점을 돌아왔을 뿐이다. 잠시 쉬어가 보자.

이 책을 쓰면서 스스로 가장 경계했던 것이 나도 괜찮은 사람이 아니면서 남들에게 교훈적인 얘기는 하지 말자였는데, 이번 장에서만 철든 척할 테니 조금 봐줬으면 한다. 나는 경단녀라는 표현을 별로 안 좋아한다. 물론 사회 통념상 나는 경단녀에 해당할 것이다. 이런 내가 돈을 벌면 얼마나 벌 수 있을까?

시간제로 일자리를 구하다 보니, 쓸 만한 경력은 없고 자꾸 이력서만 길어지는 것 같다. 여하튼, 현재 우리 가정은 몇 억을 대출받아서 매달 몇백 만원이 넘는 돈을 상환할 깜냥은 안되는 게 확실하다. 이 상황에서 내가 처음에 무이자대출인 장기안심제도를 이용하지 못했다면 어떻게 되었을까? 솔직히 이러지도 저러지도 못한 채 점점 작은 집으로 월세 형태로 쫓겨 다녔을 것 같다. 더 솔직히 말하면, 왜 난 턱턱 집 사줄 수 있는 부모님이 없을까 한탄만 하고 세상을 원망했을 것 같다.

평생 고생하시다, 오십 넘어서야 자기 집 한 채 갖게 되신 아빠, 그리고 평생 도로 포장을 해오시다 간신히 자기 집 갖게 되신 시아버지. 두 분의 인생을 두고 "왜 두 분은 부동산 투자에 안 뛰어들어서…"라며 주제 넘은 비난을 하고 싶지 않았고, 그분들이 살아오신 삶을 그대로 존중하며 존경하고 싶었다. 부모님이 삶을 통해 보여주시고 나에게 심어주신 가치관과 마음가짐 정도면 많은 것을 주신 것이라 여기고 감사한 마음을 간직하고 싶었다.

그래서 찾은 나름의 방법이 임대주택이었다.

시아버지는 늘 나를 볼 때마다 집 하나 해줬어야 하는데 미안하다고 하신다. 그런 말을 들을 때마다 나는 더 작아진다. 평생 고생하신 쭈글거리는 손을 잡아드릴 때면, 아이고 이제 쉬시고 내가 용돈을 드려야 할 판인데, 내가 어쩌다 드리는 선물보다 손주들에게 더 많이 쓰시는 걸 보면 한없이 작아진다. 최대한의 노력으로 가정의 경제적 정서적 자립도를 높이고 부모님께 큰 부담을 느끼지 않게 해드리는 것이 임대주택을 선택한 1차적인 이유였다.

여기서 최대한의 노력이란 것은 물론, 그만큼의 돈을 버는 것도 한 방법이겠지만, 제도를 활용해서 돈을 아끼는 것도 포함된다고 말하고 싶다. 지금 우리 가정은 안정적인 임대주택에 거주하며 쫓겨날 이유 없이 살고 있고, 지속적으로 전세자금대출도 상환해가고 있다. 그러나 부모님 마음의 짐을 덜어드리는 것에는 실패한 것 같다. 부모님 세대에게 우리는 아직 집이 없는 걱정되는 자녀이기 때문이다.

학창 시절 춤에 인생을 건다며 방황하던 나를 기다려주고, 대학교 가서도 엄마가 항상 다음 달 생활비를 걱정하는 형편인 줄 알면서도 교환학생 가겠다고 철없이 굴 때, 아빠는 묵묵히 빚을 내서 나를 보내주셨다. 나중에 좋은 직장 가서 꼭 갚아야지 했는데, 아직 한 번도 자랑할 만한 딸이 되어 드리지 못한 채 나 역시 부모가 되어버렸다. 우리 시부모님도 우리가 자꾸 싼 가격에 좋은 아파트로 이사 다니니까, "어찌어찌 크게 못 도와줘도 잘 살더라, 다행이야"라고 얘기하셨을 테지만, 아마 우리가 집을 샀다면 "우리 아들이 집 샀어"라며 훨씬 더 크게 기뻐하셨을 것이다.

부모님께 큰 결과물을 보여드리지 못해 늘 죄송하지만, 사랑한다는 말과 함께 당신들이 살아오신 삶을 존경한다고 이 자리를 빌어 꼭 전해드리고 싶다. 우리 아빠는 이런 내 마음을 아는지 모르는지, 새 집 한번 살아보더니 맛 들려서 바람 든 것처럼 계속 이사 다니는 철없는 프로 이사러로 나를 보고 있는 것 같다.

뭐, 솔직히 그것도 아예 틀린 말은 아닐 수도 있다.

임대주택에 사는 것이 내게 부끄러움을 준 적은 없다. 다만, 부모님이 나를 경제적으로 부양해야 한다고 생각하거나, 집을 전적으로 마련해줘야 하는, 혹은 내가 그것을 당연히 생각하는 그런 자식이었다면 정말 부끄러웠을 것 같다.

최근에 이사 온 집에서 집들이를 간단하게 했는데, 오신 분께서 네가 제일 실속 있게 산다고 말해주셨다. 실속 있게, 참 듣기 좋은 말이다. 이 말에 담긴 의미처럼 임대주택이 당신의 아이덴티티가 될 필요도 없고, 당신의 꿈이 되어서도 안 된다고 생각한다. 그래서 나는 이 글을 처음 쓸 때부터 임대주택 이용자, 사용자라는 단어를 선택했다. 당신 삶의 일정 기간 동안 임대주택을 이용하는 것이 당신에게 어떤 의미인가? 나는 내 부모님께 감사하는 마음을 유지하는 데 임대주택 거주가 조금이라도 도움을 주었으니 그것만으로도 만족한다. 정말 감사하다.

꿈의 평형
59형!

정말 우여곡절이라는 말로도 부족할 정도의 과정을 겪은 장기전세 59형 당첨 수기로 나는 20년, 아니 적어도 10년 은 집 걱정 없이 살 수 있다고 확신하며 연지타운, 천왕 2지구 1단지 59형으로 입주했다. 같은 단지의 49형에서 59형인 옆옆 동으로 이사를 하는 것이었기에 남편은 회사 에 출근하고 아이들은 어린이집에 보낸 뒤 혼자 이사를 진 행했다.

그 집을 내가 설계하고 발주해서 지은 것처럼 내 마음 은 흡족했다. 우리 아이들은 동요를 개사해서 연지타운 노래를 만들어 부르곤 했다. 그만큼 우리 가족에게는 정서적 뿌리 혹은 고향 같은 느낌을 선사한 곳이었다.

이전 세입자는 준공 후 1년만 살다 이사 가셨다는데, 집이 정말 깨끗해서 입주 청소업체를 부를 필요도 없었다. 시어머니와 둘이서 청소를 했는데, "여기가 진짜 너네 집이면 좋겠다"라고 좋아하시면서도 아쉬워하셨다.

지금 생각해도 내가 돈이 있다면 그 집은 정말 사고 싶은 집이었다.

그 집의 분양가는 공공분양 당시 2억 5천만 원이었는데, 우리가 입주하던 무렵 이미 3억 9천만 원으로 올라 있었고, 그것도 식겁했지만 이 글을 쓰는 현재는 6억 원을 훌쩍 넘기고 있다. 하하하. 그렇지만, 여전히 사랑스러웠던 그 집 이야기를 좀 더 해보고 싶다. 우리 집은 복도식이 아닌 계단식이었고, 남서향으로 해가 너무 예쁘고 길게 잘 들어왔다. 이제 3점이도 방을 갖게 되었고(물론 그 방에서 3점이가 혼자 잠을 자는 이상적인 상황은 발생하지 않았지만), 외출했다가도 돌아갈 집만 생각하면 미소가 절로 찾아왔다.

이제 여기서 20년 살면 되겠지. 이 집은 100점 만점에 99점이었다. 왜 내가 100점을 주지 않았을까? 세상에 더 좋은 집들이 많아서?

나는 좋은 집은 현재 우리 가정에게 의미 있고 유지 가능한 집이라는 정의로 이 책을 시작했다. 그런 관점에서 볼 때, 우리 가정이 이 멋진 집을 누리는 데 있어 걸림돌 한 가지가 있었다. 어차피 그 당시에는 집을 사려는 계획이나 그림이 없었으므로, 2년 뒤 다가올 재계약에서 최대 5%의 보증금을 올려주어야 한다는 것이 가장 큰 걱정거리였다. 그때 전세가 1억씩 뛰던 시절이니 사실 천만 원 미만의 돈을 올려주는 것은 실로 거저 같은 일이었다.

하지만, 외벌이 중소기업 재직자 가정이 2년 동안 천만 원을 저금한다는 건 불가능에 가까운 일이라는 것도 자명했다. 더 이상 차상위 계층은 아니었지만, 사실 차상위에서 조금 벗어난 소득 정도였으므로 남편의 월급은 뻔했다.

나도 같이 돈을 벌고 있는 지금은 돈에 대한 인식이 조금 바뀐 점은 있지만, 여전히 돈을 생필품 외에 지출하는 게 마음이 편치 않다. 내 동생은 나에게 가끔은 삶의 여유를 가져야 한다며 해외여행을 가자고 하지만, 내 입장에서는 재고해 볼 만한 사항이 아니었다. 그런 재정 운영법을 가진 나라도 한 달에 전세자금대출을 갚을 수 있는 범위는 약 5만원에서 많아 봐야 10만 원이다. 전세자금대출을 갚든, 다음 재계약 비용을 모으든 한 달에 5만원, 아니 10만 원이라고 해도 내가 최대한 모을 수 있는 비용은 240만 원이다. 따라서 SH 장기전세 재계약 시 5% 이상 인상이 안 되는 환상적인 제도를 이용하고 있고, 2.2%라는 낮은 금리로 버팀목 대출을 받아놓고도 조금씩 조금씩 물 먹은 스

편지처럼 마음이 무거워지는 것은 어쩔 수 없었다.

　나는 아주 계산적인 사람이다. 남편하고 연애할 때도 우리 결혼 날짜를 만약 1년 뒤로 정한다면, 나는 하루에 365분의 1만큼씩만 당신하고 친해지겠다고 했으니 말이다. 반면에 우리 남편은 나랑 정반대로 긍정적이고 낙천적인 사람이다. "혹시 알아? 스테이시, 그 전에 로또가 될 수도 있잖아"라고 말하는 남편 입장에서 내 걱정은 뜬구름 같은 것이었다. 그러므로, 꿈의 임대주택 59형 방 3개에 입주한 지 몇 달 채 지나지 않아서 나는 또 다음 단계를 모색하기 시작했다. 그러다가 앞 동의 타워형 구조 분양 세대가 부러워지기도 했다. 그때는 생활권을 바꾼다는 계획이 없었으므로, 구로구 중에서도 구치소 자리에 들어온다던 뉴스테이 고척 아이파크나, 당첨 가능성은 희박했지만, 관심사였던 항동 공공분양 등을 생각했었다. 그 당시 그 정도가 내가 생각할 수 있었던 최대 플랜이었다.

　남편은 "스테이시, 우리 이사 온 지 얼마 안 되었으니까 제발 쉬엄쉬엄 해"라고 얘기했고, 나도 나름 그 말에 수긍하며, 그 첫 번째 반응으로 중문을 달기로 했다. 중문으로 내가 20년 살 예정인 이 집을 완성할 참이었다. 그렇게 그 해 겨울이 오고 있었다.

마곡엠밸리
(feat. 예비자 당첨)

임대주택을 준비하거나 이미 입주해서 사는 분들은 'SH
에서 등기가 왔다'라는 표현이 얼마나 중요한 의미인지 알
고 계실 것이다. 일단, 임대주택을 신청하고 서류 대상자가
되면 SH에서 등기를 보내준다. 서류 빠뜨리지 말고 잘 내
라는 이야기다. 사실 그 이후에 오는 등기는 반갑지 않은
등기가 될 가능성이 크다.

　'재산 총액이나 차량 가액 혹은 월소득을 조회하는 과
정에서 기준치를 초과했으니 소명을 해보시오' 하는 등기
가 그 다음에 온다. 그 등기가 오지 않았다고 해서 당첨에
가깝다는 것은 아니니 안심하기는 이르다. 그 다음에 오는

등기가 바로 당첨 등기이다!

2014년인가, 2013년인가 내가 처음 임대주택을 신청하던 해였는데, 그때 당첨자 발표 전날에 SH 공사가 당첨자에게 등기를 발송해서 다음 날 당첨자 발표가 나기 전에 등기를 받은 분들도 있었다. 참, 부지런하다고 이야기해야 할지. 여하튼, 그 시점에 오는 등기는 온 가족을 로켓에 태워주는 등기이다! 심지어 그 등기는 계약 서류와 납입 고지서는 물론 동호수까지 찍혀서 오니, 정말 집을 산 것이나 진배없는 기쁨을 주기도 한다.

저 위에 쓴 그 발표 날 우체국에 전화해서 우리 집에 오는 등기가 없다는 소식을 듣고 엄청 실망했던 기억이 난다. 이렇게 계약 관련까지는 SH가 등기로 처리하는데, 입주 이후 재계약 건이나 소득 초과 할증 건은 그냥 편지로 진행하기 때문에 우편함을 못 보고 놓치는 경우도 참 많다. 적어도 SH에서 재계약 건은 등기로 보냈으면 하는 작은 바람이 있다.

구로구 천왕 연지타운 장기전세 59형 입주 후 우리 가족은 나름 안정된 삶이 무엇인지 아주 조금 맛보고 있었다. 그러던 어느 날, 남편에게 톡이 왔다.

"SH에서 등기 왔다는데?"

헐! 집에 올 때까지 심장이 벌렁벌렁했다. 별의 별 생각이 다 들었다. 혹시 국민임대 49형 퇴거일과 장기전세 59형 입주일이 같아서 중복되었다고 퇴거하라고 하는 건 아닌가? 뭘까, 걱정을 거듭하며 집에 와 보니, 지난 겨울에 1가구를 모집했던, 그동안 잊고 살았던 마곡 국민임대 59형에서 감점 긴 12점으로 예비 2번을 받았던 것, 그 예비자 자격이 아직까지 살아서 마곡 국민임대 2단지에 당첨되었다는 통보였다. 재계약 시즌에 누군가 재계약을 안 하고 퇴거해서 빈집이 발생한 것이었다.

장기전세 당첨으로 만족스럽게 살고 있어서 기억이 희미해져 있었는데, 동호수가 찍힌 계약금 전표를 보니, 또 호기심이 발동했다. 그때 그 편지가 나에게 준 당황스러움은 정말 한 단어였다.

헉!

정신을 주워담고 SH 홈페이지에 가서 그 단지 중 어느 위치에 있는 동이며, 어떤 구조인지 당첨된 집의 정보를 빠른 속도로 검색했다. 내가 최근에 부러워하며 한번쯤 살아보고 싶었던 타워형 구조였고, 앞에 막힌 동이 없어서 빛이 아주 잘 들 것 같은 집이었다. 당장 차에 시동을 걸고 집을 보러 갔다. 그렇게 멀리 운전해 본 적이 없었던 것 같은데, 어디서 그런 용기가 났는지 정말 무언가에 취한 것처럼 운전을 해서 순식간에 도착했다. 물론 신청 전에도 임장을 했었기 때문에, 동네의 장단점은 잘 파악하고 있었다. 그날의 목적은 정말 '집'을 보는 것이었다.

지금 장기전세 집도 너무 만족스러웠기 때문에 사실 이사가 꼭 필요한 것은 아니었다. '집을 한번 보기나 하자, 보기만 하는 거다, 스테이시.' 마음을 다잡으며 관리사무소에 도착했다.

"집 보러 왔는데요."

부동산을 끼지 않고 SH와 집을 거래하면서 좋은 점은 부동산에서 겪는 감정 소모가 없다는 점이다. 관리소에서 친절히 문을 열어주셨다. 빛이 사르르 녹아드는 것 같은 남서향 타워형 구조였다. 전용 59형 답지 않게 넓은 거실과 주방. 정말 환상적이었다.

우와! (나는 나름 지금도 확신한다. 마곡지구 분양 임대 장기전세 모든 59형 세대를 통틀어서 이 집 구조가 가장 잘 빠졌다고. 그 집에 방문한 거의 모든 사람들의 첫 마디는 30평대예요? 였다.)

물론 포스코 건설이 시공한 연지타운보다는 내부 마감 자재가 부실해 보였지만, 내가 살아보고 싶은 구조의 집이었다. 이 책을 시작하면서 '내가 언제 그런 집에 살아보지' 했던 바로 그런 집이었다. 나는 돌아가는 차 안에서 내일 중문 견적 내러 오신다는 아저씨께 일단 취소 통보를 했다.

아저씨는 급 당황하셨다. "네? 이사를 하신다고요?"

중문을 취소할 때까지만 해도 이사를 확정한 것은 아

마곡2단지 국민임대 59F형 25평

니었다. 연지타운은 우리 아이들의 고향 같은 곳이었고, 아주 만족스러웠으며, 교육기관도 둘이 같은 국공립어린 이집이라 가히 안정적 세팅이었다. 전세자금대출로 잡힌 빚만 빼면 말이다. 정말, 고민에 고민을 거듭했다. 크고 작은 가족 회의를 여러 번 열었다. 저번 이사는 방 2개에서 방 3개를 향한 몸부림이라는 뚜렷한 목표가 있었는데, 이 번에는 이사를 해야 하는 설득력이 크지 않았다. 이렇게 되면 이제부터는 머리의 영역이 아니라 가슴의 영역으로 판단해야 한다. 새로운 환경에 도전을 할 것이냐, 아이들 을 새로운 광야로 몰아볼 것이냐! 나는 그렇게 장기전세 59형에 살게 된 지 딱 6개월만에 이사를 결정했다.

천왕, 마곡, 천왕, 마곡 퐁당퐁당…

　장기전세는 20년 거주가 가능하고, 2년 뒤에 무조건 5% 오르는 반면 국민임대는 30년 거주가 가능하고, 재계약 시 거의 인상이 없는 추세이다. 그리하여, 일단 새로운 환경에 도전해보는 것 외에도 빚을 줄일 수 있다는 베니핏을 보고 이사를 하기로 결정했다. 천왕 장기전세 59형 방 3개보다 마곡 국민임대 59형 방 3개가 보증금이 몇천 만 원 더 저렴했다. 그래서 대부분의 빚을 상환할 수 있었고, 아마 재계약 시에도 인상이 없을 것이라는 판단에 나는 이제 이 집에서 30년을 살 수 있을 거라 믿었다.

　49형 국민임대에서 이미 2년을 소진했으므로 정확하게 말하면 28년을 살 수 있을 것이다. 결혼 후 3번째 이사는 신속히 진행되었다. 장기안심에서 SH 국민임대로 그리고 SH 장기전세로 갔다가 다시 SH 국민임대로… 참, 나는 여기까지 왔을 때만 해도 내 이야기는 아주 조금 특이할 뿐이라고 생각했었다.

　우리가 이사한 뒤로 국민임대 제도는 변화를 겪었다. 더 이상 국민임대를 전세 형태로 들어갈 수 없게 되었다. 우리 차수를 마지막으로 반전세(월세) 형태로 제도가 수정되었으며, 또한 공가 입주자를 모집할 때도 단지별이 아닌 지구별 통합 모집이 실시되었다. 즉, 3자녀가 아닌 이상 국민임대 59형에 들어가기가 거의 불가능해졌다는 말이다. 우리는 감점도 있는 12점 눈치작전으로 마곡 국민임대 59형에 입성한 마지막 2자녀 가정이 되었다. 임대제도에 역사를 써내려가고 있다는 착각도 살짝 해보았다.

그 이후 국민임대 제도는 또 한 번의 변화를 겪었다. 그동안 장기전세로 공급되던 2014년 이전에 공급된 3점 가점표 적용 단지인 59형이 국민임대로 편입된 것이다. SH 입장에서는 장기전세 제도를 축소 폐지하면서 월세를 받는 임대주택을 확대하려는 취지였다. 임대주택 이용자들에게도 장단점이 있는 선택이나, 그동안 들어가기 너무 어려웠던, 꿈의 평형인 59형 물량이 대폭 풀리는 것이라서 최근에는 정말 낮은 점수로도 많이 입주하시거나 예비당첨되는 기쁨을 누릴 수 있게 되었다.

제도는 생물이라 계속 변한다. 그리고 임대주택 이용자의 마음도 필요에 따라 계속 변할 수 있다.

그렇게 20년을 살려고 했던 장기전세 주택은 집들이도 5번 이상 했으면서 6개월만 살고 떠나 보냈다. 두려움과 함께 그해 11월 마곡 땅을 밟았다.

잘해낼 수 있을까? 이제 여기에서 정말 30년 살고 싶은데, 늘 시작은 진심이다. ^^ 그 진심의 일환으로, 2년 된 나름 새 집이었지만, 방마다 도배를 하고 이사를 하면서 중문까지 달았다. 혹시 '우리집은 어디에' 프로젝트에 쉼표를 달 수 있지 않을까 진심으로 생각했었던 것이다.

CHAPTER 05

근데, 솔직히 나도 집 갖고 싶다

서초 네이처힐 가든
(feat. 도시형 생활주택)

그렇게 우리 가족은 마곡 2단지 59F형 집에 입성했다. 사실대로 말하자면, 방 2개에서 3개로 몸부림치는 과정에서, SH 공사와 LH 공사에서 나오는 거의 모든 공고문을 읽었고, 내 조건에 해당하는 것에는 다 지원했다고 보면 된다. 그 중에서 최종 당첨되지는 않았지만, 기억에 남는 곳 한 군데를 소개하고자 한다.

SH 공사에는 도시형 생활주택이라는 특수 목적으로 지어진 건물 혹은 아파트가 있다. 그 중에 중소기업 재직자(근로신혼부부 전형) 신혼부부에게만 자격을 주었던 '서초 네이처힐 가든'이라는 단지가 있었다. SH에서 부르는 호칭은 우면 2지구 다세대이지만, 가서 보면 그냥 아파트이다.

서초 네이처힐 1단지 맞은편에 있는 그 단지는 정말 조용한 전원주택 같은 느낌이 풍겼다. 층수도 최대 5층이었던 것 같다. SH 임대주택을 준비하고 공부하면서 서초 네이처힐이 있는 동네를 임장하지 않았다면 아직 1% 부족한 것이라 이야기하고 싶을 정도로 서초 네이처힐은 임대주택계의 완결판 이미지가 강했다.

역대 데이터를 분석해보면, 서초 네이처힐 59형 장기전세(현재 국민임대로 변경되었다)는 거의 매 공고에서 커트라인의 정점을 찍는 것을 볼 수 있었다. 그 만큼 많은 사람들, 특히 3~4자녀 가정이 원하고 아이 키우기 좋은 분위기의 동네인 곳으로 알고 있다. 내가 3점 가점표 장기전세, 국민임대로 17점을 찍었을 때도 혹시나 해서 마음이 가긴 했으나 서초 네이처힐은 3자녀 가정만의 리그로 남겨두기로 했다. 물론 지하철역이 도보권이 아니라는 단점이 있지만, 강남쪽이 회사인 분들에게는 워너비 공간인 게 틀림없다.

천왕에서 만났던 2자녀 엄마는 신혼 때 네이처힐을 준비하다가 나이에 밀려서 다음 공고인 천왕에 왔다는 분도 계셨다. 나도 서초라는 동네와는 전혀 관련이 없었지만, 남편을 졸라서 밤에 한 번 낮에 한 번 임장을 가기도 했던 곳이었다. 왠지 모르겠지만, 좋네! 라는 느낌을 가지고 돌아왔던 그 동네! 서초구! 그곳에 당첨은 모르지만 적어도 신청 자격이 되는 공고가 나왔다니 일단 그냥 지나칠 수는 없었던 것이다.

당시 천왕 국민임대 49형에 살고 있었던 우리는 더 넓은 집을 찾고 있었는데, 이 공고에서 서초 네이처힐 가든은 46형, 49형, 59형, 79형이 같이 나왔다. 신혼 3년 이내가 1순위였고 중소기업 재직기간과 청약으로 가점을 주었던 것 같다. 우리는 신혼 5년 이내 2순위였고, 2순위 9점이었다. 이런 애매한 점수로 도전할 수 있는 확실한 방법은 정공법을 택하지 않는 것이다.

46형, 49형, 59형, 79형 중 어디에 고득점 신청자가 몰

다세대, 도시형 신청접수현황(2015. 7. 15. 공고)

선순위 접수기간: 2015. 7. 22~23

단지명	면적(m²)	대상	공급 호수	신청자 수	경쟁률
계			52	630	12.1
신정도시마을	39	신혼부부	7	37	5.3
우면 2지구 다세대주택	46	근로신혼부부	10	28	2.8
우면 2지구 다세대주택	49	근로신혼부부	6	97	16.2
우면 2지구 다세대주택	59	근로신혼부부	9	38	4.2
우면 2지구 다세대주택	79	근로신혼부부	4	29	7.3
방화동 원룸(유니트로)	13	1인 가구	9	115	12.8
방화동 원룸(유니트로)	23	1인 가구	1	57	57.0
문정동원룸	14	1인 가구	6	229	38.2

릴까? 일단 49형, 59형부터 보자. 아이가 한 명인 집은 46형도 고려할 것이고, 아마 79형은 필요 범주에 해당하는 선택이 아니기 때문에 우리처럼 한 번 던져나 보자 하는 사람들의 리그가 될 것이라고 생각했고, 결과도 그렇게 됐다.

다세대, 도시형 분석

분류	평형	전형	당첨 커트라인	예비자 커트라인
우면 2지구 다세대주택	46	근로신혼부부	소득 50%/1순위/6점	소득 70%/1순위/10점
우면 2지구 다세대주택	49	근로신혼부부	소득 50%/1순위/9점 서울시 2010.12월 전입	소득 50%/1순위/8점
우면 2지구 다세대주택	59	근로신혼부부	소득 50%/1순위/9점 서울시 2003.9월 전입	소득 50%/1순위/6점
우면 2지구 다세대주택	79	근로신혼부부	소득 50%/2순위/10점	소득 50%/2순위/9점

최종 커트라인은 이러했다.

오히려 79형이 점수가 낮은 당첨자가 나왔다. 이런 현상을 잘 이해하면 비슷한 단지를 준비하실 때 도움이 될 것이라 생각한다. 우리는 선택을 할 때 최악을 피하는 선택을 하도록 교육을 많이 받았다. 나도 그런 편이었으나, 임대주택을 준비하고 신청을 거듭할수록, 우리가 안전하다고 배워 온 선택법이 결코 나에게 좋은 것이 아니라는 점을 깨달았다. 아마도, 인생에서 언젠가 배웠어야 하는 것이었는데 그 시기에 내가 이걸 하고 있어서 여기서 배운 것 뿐이다. 모두가 임대주택을 한 번쯤 준비해야 한다는 것은 아니다.

사실 이 결과가 우리에게 서프라이즈였던 것은 79형의 서류 제출자 커트라인이 2순위 10점이었기 때문에 우리는 서류를 내지도 않았고, 아, 아쉽지만 떨어졌구나 했었다. 그런데, 최종 발표날 또 기대하지 않았던 등기가 도착했다. 이건 또 뭐래 하고 봤더니 우리가 79형 예비 1번으로 선정되었다는 소식이었다.

헉!

서류 심사 중에 부적격자가 많이 발생하는 통에, 당첨자 발표날 바로 예비 1번으로 발표가 났고, 나중에 서류를 제출하라는 연락이었다. 우와~ 기분이 너무 너무 좋았다. 우리는 서류 탈락이라고 생각했었는데,

당첨자 발표날, 명단에 올라 있는 경우는 아마 겪어 보신 분들은 공감할 것이다. 그것도 79형이었다. 서초에 있는 30평대 집이 전세 9천이었고 최장 6년 거주가 가능한 제도였다. 물론 20년, 30년짜리 임대를 준비하는 우리에게 딱 맞는 세팅은 아니었지만, 충분히 매력적인 제도였다.

'혹시 79형에 우리 순서가 되면 시부모님과 함께 살까'라는 효녀 같은 생각도 잠시 했다. 그러나 나의 그 생각을 하늘이 막아준 건지 ^^; 우리 차례는 돌아오지 않았다. 1년의 예비자 유효기간 동안 예비 1번까지 당첨되지는 않았다. 46형, 49형, 59형은 예비가 상당히 돌았다. 보통 어

디든 예비 1번이면 기다리면 곧 당첨이라고 봐도 무방한데, 그곳은 거주 만족도가 워낙 높았던 것인지, 우리는 결국 당첨자가 되지 못했다. 1년 동안 아무도 당첨을 포기하거나 이사를 간 사람이 없었다는 말이다.

오히려 다행이었다고 생각한다. 늘 말하지만 인생 새옹지마다. 괜히 마음만 싱숭생숭할 뻔했다. 혹시 몰라 대기로 걸었던 형촌 어린이집에서 연락이 와서, 한 번 더 그런 곳이 있었지 추억할 수 있었다. 역시 나는 서울의 서쪽에서 사는 게 맞는건가 하며, 서초에 대한 아쉬움을 털어버렸다.

지금까지 쭉 읽어 오신 분들은 다 느끼셨겠지만, 나는 계속 더 좋은 집을 찾아서 이사했던 것이 아니다. 이사를 간다고 하면 다들 "왜 이사 가? 그 집이 더 좋아?"라고 물으시는데, 내가 가진 금액 대비 내가 살아온 모든 집은 다 좋았다. 심지어 신도림 미성아파트도 그렇게 느꼈다.

가정을 꾸리고 관계가 성숙해가면서 각 시기별로 요구되는 점이 달라졌기에, 그것에 맞는 이사를 계획했을 뿐이다. 집은 내 집이라고 하지 않는다. 내 욕망을 채우는 도구가 아니기 때문이다. 집은 늘 우리 집이라고 표현한다. 우리 가족 모두에게 의미 있는 행복한 우리 집. 우리 집이 자가면 더 좋겠지만, 자가면 우리(은행) 집이 되니까. (웃음)

일전에 한 번 이사를 했던 영구 이사 아저씨에게 연락을 했다. 아저씨는 마곡으로 간다는 나에게 "사모님, 어떻게 당첨되셨어요. 돈 많이 벌으셨겠네요"란다. 저기요. 사장님. 제 첫사랑 꿈이 사업가라고 해서, 사모님 되기 싫어서 그분 안 만났거든요. 한참 어린 내게 사모님이라니, 듣기가 못내 불편했지만 새댁도 아니고, 학생도 아니고, 아줌마라고 하기도 그렇고, 다른 단어가 없겠네 싶어서 그냥 관행으로 받아들였다. 이사 때마다 여전히 닭살이 돋긴 한다. 사모님이라니.

아저씨들도 프로 이삿꾼이었지만, 나도 그에 못지 않은 프로 이사러였다. 나는 짐을 미리 싸놓거나 하지는 않는다. 다만 버릴 것을 미리 다 버려둔다. 가져갈 것과 가져가지 않을 것을 확실히 정해 놓는다. 나는 평소에도 스트레스 해소법으로 100리터 쓰레기 봉지를 사서 채우는 사람이다. 친구들은 우리 집에 올 때마다 "같은 평수인데 너네 집이 왜 더 넓어 보이지?"하는데, 그게 아니라 나는 남들에 비해 버리는 걸 잘해서 그런 것이다. 보통 1년 이상 안 쓰는 것은 버리라고 하는 정리법이 많은데, 나는 3개월 이상 안 쓰는 것은 버리는 편이다. 아무리 임대든, 전세든, 월세든, 억 단위의 돈을 내고 사는 집에 살면서 좁다고 느낀다면 너무 슬프지 않은가?

집을 바꿔서 만족도를 얻기는 극도로 어려운 일이지

만, 집 내부를 바꿔서 만족도를 높이는 것은 쉽게 할 수 있는 일이다. 방 한 칸에 몇천만 원을 지불하고 빌리고 있다고 생각해보면, 나는 절대로 방 하나를 창고나 옷 방으로 쓰지 않을 것 같다. 실제 우리 집에는 큰 옷장이 없다. 이사 아저씨들이 좋아하는 고객임에 틀림없다. 그렇게 마곡으로 가야지 하고 좌표를 찍은 것은 아니었지만, 내 발걸음은 보이지 않는 바람 혹은 물살 그 무언가를 따라 마곡까지 이르렀다.

마포 래미안 푸르지오
(feat. 재개발임대)

우리가 마곡에 입주하고 얼마 지나지 않아서, 시댁 부모님이 거주하시던 지역이 재개발되었다. 앞으로 입주할 아파트의 모델하우스에 가는데 구경하러 오라고 하셨다. 평생 다세대 주택에 살아오신 시부모님은 재개발이 완료되면 나이 70세가 다 되셔서 난생 처음 아파트에 살게 되실 예정이다. 확실히 공공주택하고는 마감재가 다른 느낌이었지만, 오~ 대박! 이런 감탄사가 나올 정도는 아니었던 것 같다.

방 2개에서 3개로 몸부림치는 과정 중에 지원했던 곳 가운데 와~ 대박! 이런 곳이 있었으니 바로, 마포 래미안 푸르지오였다. 어느 날, 뜬금없이 재개발임대라는 공고가 SH 홈페이지에 떴다. 간단히 말하자면, 재개발 지역의 철거민 세입자에게 공급되는 민간 브랜드 내의 SH 소유 임대주택으로 철거민에게 공급하고 남은 주택을 일반 공급한 것이었다.

17점으로 3점 가점표 장기전세를 준비할 때 나온 재개발임대 공고는 3자녀 우선권이 없다는 것만 빼면 국민임대 점수 체계와 흡사했다. 그 공고에서는 마포 래미안 푸르지오(이하 마래푸) 59형이 단 한 채만 공급되었다. 견본 주택을 보러 갔는데, "와~" 당시 전세금 9천만 원에, 10년 보장이라 부동산업자들도 많이 몰려서 이건 되기만 하면 로또 당첨이라고 난리였다. 더 작은 49형, 36형도 같이 공급되었지만, 우리는 집을 넓히려는 목적이 있었기에 59형에만 눈길이 갔다.

브랜드 아파트의 정석을 보여준 마래푸 59형은 최종 접수 결과 425대 1의 경쟁률을 기록했고, 잠시나마 우리 집이 될 것 같은 착각은 18점 4명이 서류 컷으로 발표되면서 막을 내렸다. 커트라인을 보고 헛웃음만 났다. 그럼 17점인 우리는 425명 중에 공동 5등이란 말이군. 그걸로도 대단하다 싶어 또 마래푸 같은 로또를 기다렸으나, 그 이후 재개발임대 59형은 공급되지 않았다. 2018년 59형이 또 공급되는 일이 생겼지만 역시 최종 당첨자는 18점이었다. 현재 재개발임대는 10년 보장이고, 현재는 월세 형태로 공급되고 있다.

국민임대보다 보증금이 더 저렴한 편이라서 임대주택을 준비하는 분들이 꼭 관심을 가지고 연구해볼 만한 분야가 재개발임대주택이다. 마포 래미안 푸르지오는 결국 서류도 내보지 못하고 구경하는 것으로 끝이 났지만, 브랜드 아파트에 대해 나름의 로망을 갖게 한 즐거운 기억이었다. 지금도 가끔 지나다니면서 볼 때마다 마치 잠시라도 내 집이었던 것 같은 웃픈 생각도 든다.

마곡에 살 때, 처음 본 어떤 분과 이야기를 나누었는데 마래푸 49형에 살다왔다는 것이었다. 하하, 그분은 59형은 안될 것 같아 49형을 신청했다는데, 사는 동안 동네가 참 좋았다고 말씀하셨다. 그러고 보면 임대주택은 한번 준비해본 사람들이 잘 알고 계속 이용하는 것 같다.

브랜드 아파트. 좋네~ 라는 생각이 들긴 했지만, 그렇다고 앞으로 꼭 브랜드 아파트로 이사 가고 싶어 하는 생각을 갖게 된 것은 아니었다. 임대주택에 머물면서 앞으로도 공공분양만을 생각하던 나는, 앞으로 브랜드 아파트에 살아볼 일이 있을까 하고 말풍선을 띄웠다가 바늘로 톡 터뜨려버린 꼴이었다.

사실 도시개발을 진행한 지역들은 공공임대 아파트가

전철이나 학교 등의 입지가 더 좋다. 그럼에도 불구하고 브랜드 아파트를 선호하는 것은 집 가격에 영향을 미치는 네이밍이라는 한국의 정서를 무시할 수 없기 때문일 것이다. 브랜드 아파트 내에 있는 임대주택 이야기를 조금 더 해보자면, 사실 브랜드 아파트에 들어가 있는 장기전세는 보증금이 적어도 3억 이상이고 강남권은 5~6억을 상회한다. 국민임대주택이나 행복주택처럼 보증금 포함 총 자산 제한이 존재하지 않아서 장기전세는 무주택이고 월소득이 낮게 신고된다면 현금 부자도 들어갈 수 있다는 말이 나오는 이유이다.

임대주택의 생명력은 회전율에 있다. 회전율은 진짜 필요한 사람이 아닌 사람들이 들어오는 것을 방지하고, 어느정도 준비가 된 사람들은 내보내는 것에 있다. 이를 걸러내는 것이 쉽지 않다는 것을 안다. 임대주택 재계약을 위해 그 시즌에만 빚을 내서 자산을 낮게 보이게 하는 등, 여러가지 방법을 시도하며 임대주택을 계속 이용하는 편법이 있다. 그래서 나는 임대주택 제도만큼이나 사용자들의 태도도 중요하다고 생각한다. 나도 이용자 입장에서 거주기간이 긴 임대주택을 선호하고 되도록 오래 살고 싶었다. 그러나 시간이 지날수록, 내가 이 혜택에 젖어들면 나중에 원망만 남을 수 있다는 경각심이 들었다.

만약 20년을 살았다고 하자. 싸고 좋은 집에 오랫동안 감사히 잘 살았다는 생각이 들까? 그때 가서는 그 보증금으로 비슷한 어딘가에 갈 수 없는 사회적 변화에 화가 나지 않을까? 솔직히 나는 후자일 것 같다. 그래서 복지 제도는 정말 힘들 때 이용하고 자발적으로 내려놓는 사회적 분위기가 형성되길 응원하는 바이다.

나의 총 임대주택 이용기간은 8년이 될 예정이다. 결과적인 이야기이지만, 서초 네이처힐 가든 6년이나 마래푸 10년 보장 등을 보면서 너무 기간이 짧아서 선호하지 않는다고 생각했던 것은 내 편견이었던 것이다. 아직 장기전세는 10년 가량밖에 안 되었고, 국민임대 행복주택은 더 뒤에 활성화되었기 때문에 임대주택 만기를 채워서 나가는 사례는 찾기 힘들 것으로 보인다. 그러나 스스로 만기를 정해보는 것도 의미가 있을 것 같다.

부동산 시장이나 사회가 젊은이들이 살아볼 만하다, 덤벼볼 만하다 라고 말하는 우호적인 상황으로 바뀔 날이 있을까? 혹, 지금 우리가 그런 변화를 향하고 있다고 해도 시간이 필요한 것은 사실이다. 그러므로 '우리 집은 어디에' 프로젝트로 고군분투하거나 혹은 엄두도 못 내는 젊은이들이 있다면 어른들께서 응원해주셨으면 좋겠다. 임대주택도 100대 1의 경쟁률이 기본처럼 되어버린 대한민국 내 집 마련의 현주소를 이해하신다면 따뜻한 시선을 건네주시길 요청드려 본다.

뭐랄까, 마포 래미안 푸르지오는 내 욕망이 투영된, 부끄럽기도 하고 풋풋한 단어로 내 마음속에 남아 있다. 언젠가 브랜드 아파트에 살게 될지도 모르지만, 내가 브랜드 아파트로 네이밍된 건물 안에 내 짐을 풀고 살고 있다고 해서 내가 더 괜찮은 사람이 되었다는 착각은 하지 않을 것이다. 같은 아파트끼리 모여서 배타적 관계를 형성하는 모임이라면 내가 먼저 거부하고 싶다. 우리 집의 평수보다 내가 다른 사람을 이해할 수 있는 아량이 커지길 희망해 본다.

임대제도를 7년 넘게 팔로업하면서 지켜본 입장에서 말해보자면, 임대주택의 효율성 극대화는 회전률에 달려 있다고 할 수 있다. 임대주택은 복지 제도인데 효율성이란 말이 안 어울린다고 생각할 수도 있다. 그러나 임대주택은 국가가 한 개인 혹은 가정의 주거를 책임져주는 형식의 제도가 아니다. 각 가정의 필요에 따라 잠시 거쳐가는 제도로 보아야 한다. 공급자도 사용자도 이런 시각에서 접근하지 않으면, 복지 재원은 계속 적자가 나고 사용자 역시도 발전이 없을 수밖에 없다.

새로운 임대주택을 공급하는 데는 한계가 있기 때문에

기존 임대주택의 퇴거가 이루어져야, 시세에 맞는 보증금으로 재임대를 놓아서 수익을 올리고, 수요 대기자들 중 꼭 필요한 실제 대기자들에게 돌아갈 수 있다.

임대주택에 왜 수익 창출이 필요하냐고 말할 수 있는데, 국가가 자선 사업을 하는 것이 아니기 때문에 제도 자체의 유지비도 상당할 것이라 사료된다. 그래서 재개발임대, 국민임대 제도가 월세 형태로 전환이 되었고, 장기전세 매입형도 행복주택 월세형으로 전환되는 추세이다. 세입자 입장에서는 월세 형태가 썩 반갑지는 않지만, 수긍이 간다고 표현하고 싶다. 현재 장기전세로는 월세 수익이 날 수 없는 구조여서 장기전세 보증금이 공사의 부채 규모에 합산되기 때문에 점차 줄어드는 과정에 있다. 실제로 기존 장기전세 3점 가점표 59형 물량까지 국민임대 월세형으로 돌리는 작업이 이미 시작되었다.

임대주택은 소득 증가 및 자산 형성에 따른 퇴거 기준이 마련되어 있지만, 회전률이 높은 편이 아니다. 예를 들어 영구임대에 있던 사람이 점프해서 재개발임대나 국민임대로 갈 수 있고, 재개발임대나 국민임대에 있던 분들이 점프해서 장기전세로 갈 수도 있고, 장기전세에서 행복주택이나 뉴스테이 등으로 점프 이동이 가능할 수도 있다.

그러나 어떤 형태가 각 가정의 최종 주거 형태이든, 임대주택 퇴거가 이뤄지는 시점은 자가 구입일 가능성이 크다. 사실, 지나온 시간 국민임대와 장기전세에 거주하면서 만난 사람들 중에는 솔직히 집을 구매하는 것에 일도 관심없는 사람은 거의 없었다.

아무리 좋은 임대주택이라도 거기에 만족하고 주택 계획을 마무리할 수 있는 사람은 없다는 말이다. 우리가 임대주택이라고 불러서 뭔가 다르게 느끼지만, 주택시장에 나와 있는 일반적인 전월세와 같은 개념인 것이다. 전셋집에 살면서, 정착한 느낌을 갖는 사람은 없을 것이다.

임대주택이 그런 착시를 좀 더 주는 것은 보증금 인상이 제한되어 있기 때문일 것이다. 물론 자가 구입에 큰 빚이 따른다면 그게 덜 안정적이라고 느낄 수도 있겠다. 임대주택 이용자들도 만나면 자주 집값 동향이라든가 부동산 제도 혹은 청약에 대해 이야기를 나누고, 언젠가 있을 졸업을 준비한다.

그런데 무주택자가 자가를 구입할 수 있는 통로와 의지를 막아버리는 분위기가 계속된다면 임대주택에 사는 각 가정의 정체 기간이 길어질 수밖에 없을 것이고, 정부는 계속 예산을 쏟아부어도 임대주택 제도에 만족스러운 평가를 내지 못할 것이다.

임대주택 제도를 결정하는 많은 고위직 공무원들이 책상에 앉아서 수치적으로 우리나라 임대주택이 얼만큼 보급되어야 하고, 임대료는 이 정도로 책정되어야 수지가 맞고, 이렇게 말로만 하지 마시고 현장의 목소리에도 귀기울인다면 좋겠다. 정책을 결정하시는 분들 중 실제로 임대주택을 이용해 본 분이 계실까? 왜 100대 1씩 경쟁률이 나오는지 이해가 되실까?

소득 증가나 자산 증가로 인한 퇴거가 기쁘게 이루어져야 하는데, 퇴거 후 주거 비용이 감당이 안 되기 때문에 차라리 계속 제한된 소득까지만 벌고 임대주택 거주를 유지하는 분위기가 만연해져 있다. 이것은 임대주택 제도뿐만 아니라 사회 전체적인 경제 지표에도 부정적임에 틀림없다. 솔직히 나도 그랬다. 물론 아이들이 어려서 풀타임 일자리를 생각하지 않았던 것도 있지만, 맞벌이가 되는 순간, 국민임대 재계약 기준 소득 초과는 자명한 일이었다.

그래서 '남편 월급 + 내가 버는 돈 < 기준소득(국민임대 같은 경우 70%)'이 되도록 맞는 일을 열심히 찾아다녔다. 파트타임이고 급여도 저 공식에 맞는 일을 찾는 것이 더 어렵기도 했다. 국민임대는 2018년 같은 경우 409만 원이 재계약 기준 소득이었다. 만약 내가 벌어서 그 금액이 넘으면 할증이 붙어서 없던 월세를 내야 하고 둘이 합쳐서 600만 원을 벌면 집에서 나가야 한다는 판정을 받는다. 그럼 409만 원에 맞춰서 벌어야 할까? 500만 원을 벌고 월세를 50만 원 내는 게 나을까? 600만 원을 벌고 새

로 집을 찾아야 할까? 비겁해 보이지만 작년까지 내 선택은 1번이었다. 임대주택은 월소득 제한만 있는 것이 아니라, 장기전세를 제외하고는 총 자산 제한액이 있다. 보증금 포함해서 올해는 2억 8천만 원 가량인 것으로 알고 있다. 얼마 전 아는 분 중에 자산 초과 경고를 받은 분이 있는데, 보험도 포함되는 줄 몰랐다는 얘기를 하셨다. 보험은 해지했을 때 환급되는 금액을 기준으로 현금 자산으로 잡힌다. 어쨌든 정부에서도 임대주택 회전율 제고를 위해 애쓰고 있지만, 나 같은 사람들을 명예로운 퇴거로까지 이끌어내는 것이 쉽지 않은 일이다.

부동산 시장이 뜨거워졌다 얼었다 급변하고 있긴 하지만, 어떤 환경에서도 동일한 것은 무주택자가 실거주 주택을 구입할 때만큼은 각종 규제의 칼날을 조금만 치워주신다면, 임대주택 회전율은 제고되지 않을까 생각한다. 임대주택에 거주하다가도 아이들이 학교에 가기 시작하면 정착을 꿈꾸게 되고 그때 다들 주택 구매에 관심을 가진다. 현재로써는 주택 가격의 40%까지만 대출이 되므로, 나머지 60%를 현금으로 갖고 있는 사람만 집을 살 수 있다. 그런 사람이 현재까지 무주택자였을까 싶다. ^^ 대출 규제나 과도한 세금 등을 논하기 전에 월급을 모아도 덤벼볼 만한 가격으로 집값이 조정되는 것이 먼저다. 집값이 폭락해야 한다는 소리는 아니다. 비싼 지역은 비싼 이유가 있을 테고 그들만의 리그일 수 있으나, 서민들의 삶의 터전까지도 이렇게 오르는 건 정상적인 시장은 아닌 것 같다.

임대주택 제도와 그 제도를 통해 가정을 건강히 일구려는 모든 사람들을 응원한다. 임대주택 제도를 이용하는 것은 본인의 선택이므로, 득과 실을 잘 알고, 형편에 알맞게 행복하게 이용하셨으면 좋겠다.

마곡에 입주해 나름 평화롭게 살고 있던 어느 날, 동생님께서 4억이나 빚을 내서 자가를 구입했다. 부부가 대기업에 다니니 집이야 살 수 있다고 생각했지만 4억이라니. 일단, 이해할 수 있는 영역은 아니었다. 집을 사는 것은 미쳐야 할 수 있다는 말이 진짜인 것 같다. 제정신으로는 한국에서 집 사는 결정을 내릴 수 없다. 여기서 미쳤다는 표현은 완전 꽂혀버렸다라고 이해해주시길 바란다.

일단, 동생 남편이 반대했다. 나도 반대하고, 모두가 반대했다. 현재 자산보다 큰 빚이라니(당시에는 집값의 70%가 대출로 나올 때였다.) 나는 동생 부부가 이 일로 이혼할까봐 너무 걱정되었다. 그만큼 의견 차이는 심각했다. 동생은 남편의 반대가 심하자, 매물이 나왔다는 전화에 가족 몰래 계약금을 쏴버렸다. 아, 정말 집안에서 막내를 말릴 자는 아무도 없는 것 같다. 막무가내라서 막내인가?

그런데 반전은 그때부터였다. 부동산 활황기가 되면서 가격이 폭주하기 시작했다. 현재 시점에서 동생이 구입한 집은 자신이 대출받은 금액 이상으로 올랐다. 한 마디로 지금 팔면, 자산이 4억이나 증가한 것이다.

헉, 그리고 헐이다….

직장 생활 하면서 1억을 번다는 건 몇 년을 꼬박 쉬지 않고 일해야 가능한 일이다. 그만큼 1억을 모은다는 건 몇 백 년이 걸릴지도 모르는 일이다. 아니 내게는 1억이라는 금액이 전혀 감이 오지 않는다. 그래서인지 내가 이혼할까 봐 걱정했던 동생 부부는 잘 지내고 있다. ^^

그때가 우리가 마곡에 입주하고 얼마 지나지 않았을 때였는데, 마곡의 경우에도 공공분양 59형 분양가는 3억 5천~4억 원이었고, 내가 마곡에 들어올 때쯤 6억 원이었다. 그때도 2배 정도 올라 있어서 집값이 미쳤다고 생각했다. 그러나 지금은 59형이 9억을 넘보고 있다. 하하하. 마곡뿐 아니라 공공분양이 시행된 단지들의 특징이 있다면, 처음에는 분양 세대나 국민임대, 장기전세 세대나 자산이 비슷했는데, 빚을 낸 사람들은 자산이 급속도로 불어났고

빛을 내지 않고 소득을 모아 저축했던 사람들은 상대적으로 더 가난해졌다는 사실이다.

천왕에서도 2억 5천 하던 집이 4억으로 변모하는 것을 보면서 말도 안 된다고 생각했다. 당시 내 생각에는 저 가격에 집을 사는 것은 정말 미치지 않고서는 내릴 수 없는 결정이었다. 소셜 믹스로 임대주택에 살던 많은 분들은 "그때 샀어야 하는데, 빛 안 지려고"라는 말을 정말 많이 반복했다. 자산은 비슷했지만, 빛을 내지 않고 성실히 살아보려 했던 사람들의 외마디였다.

사회가 이상하게 변해간다고 불평하며 계속 내가 올리지 않은 미친 집값을 계속 원망만 하며 살아야 할까 아니면 지금이라도 생각을 바꿔서 자본주의 사회의 일원으로 복귀해야 할까 고민을 거듭했다.

지금도 나는 돈이 인생의 1순위가 되면 안 된다고 생각한다. (그건 내가 돈을 엄청 많이 소유해보지 않아서일 수도 있다. 그래도 직접 겪어 보지 않아도 될 정도로 사회에 많은 반면교사의 사례들이 있지 않은가?) 그렇지만, 이제는 더 많은 돈을 갖게 되는 것에 대해 No, Thank You라고 하지는 않을 것 같다. 어른들이 왜 꼰대 같은 소리만 하는지, 왜 그렇게 돈, 돈, 돈 하는지 이해를 못 했는데 이제 내가 두 아이를 책임지는 입장이 되다 보니, 피터팬 옷의 지퍼를 슬그머니 내리게 되고 말았다. 나 혼자 아니 남편과 둘이서는 원룸에 식빵만 먹고도 살 수 있었다. 그러나 아이들이 우리 가족에 합류하고 나서는 그렇게 살 수 없다는 것을 인정하게 되었다.

모성은 참 강하다. 나는 굶어도 아이들은 굶길 수 없고, 나는 찢어진 것을 입어도 아이들은 그런 옷을 입힐 수 없다. 남편은 결혼 이후, 내가 무슨 이야기만 하면 돈으로 귀결된다며 뭐라고 하지만, 70만 원이 매달 수입의 전부였던 그때 첫째 아이를 키우면서 내가 미치지 않은 것이 정말 기적이다.

참 순수하게도 아니 무지하게도 나는 월 200만 벌어다 주면 정말 불평하지 않고 감사하면서 살 것 같다고 생각했다. 정말 돈에 대해서는 욕심 따위 없었고, 우리 신혼 때가 가장 집 사기 좋은 시기였다고들 하지만, 그때 사지 못한 것을 후회해볼 겨를도 없었다. 그때로 돌아가도 절대 집은 못 샀을 것이다. 그런 나에게, 동생과 공공분양 단지의 증언들이 또 한 번의 고민으로 다가왔다.

정말 '우리 집은 어디에'라는 게 참 적절한 프레이즈가 되고 말았다. 그야말로 끝없는 고민이다.

그때 입주했던 마곡은 너무나 사랑스러운 동네였고, 집 자체도 Perfect! 했다. 아이는 다시 한 번 (이번에는 추첨으로) 단설 유치원에 당첨까지 됐으니 남 부러울 것 없다고 해도 과언이 아니었다. 그래도 끝나지 않을 고민이 나를 따라다녔으니, '우리 집은 어디에'였다.

　나는 그때는 물론 지금까지도 임대주택 제도의 혜택을 누릴 수 있어서 정말 감사했다. 다른 사람의 인생을 부러워한 적도 크게 없었다. 노력해서 갖지 않은 것은 어차피 내 것이 아니라고 생각했기 때문이다. 그런데 부동산 활황기가 되자 솔직히 나도 로또 분양에 당첨되어야 할 것 같은 분위기에 휩쓸려가고 있었다. 동생 말로는 나 같은 아줌마까지 부동산에 관심을 갖게 되면 끝물이라고 하긴 했다.

　그래서 되면 좋은 건지, 안 되어야 좋은 건지 마음이 흔들리는 상태에서 신길 센트럴자이 52형에 인생 처음으로 분양 신청을 했다. 미끼 상품처럼 방 3개짜리를 3억 6천에 내놓았으니, 추첨 물량 경쟁률이 750대 1 정도나 되었다.

　첫 결과는 요즘 말로 당연히 광탈이었다. 오히려 조급한 마음으로 던져본 패가 먹히지 않은 것이 다행이라는 마음이 들었다. 그 후로도 몇 달은 그런 불안하고 조급한 마음에 쫓겨서 지금이라도 뭐든 사야 할 것 같았으나, 새로 이사 온 우리 집은 The best house ever before여서 하루 종일 고민하다가도 이렇게 좋은 집을 두고 어디로 가나 하는 마음에 애인을 두고 한눈을 판 것 같은 죄책감에 시달리기도 했다.

　사실 부동산 투자를 부추기는 사회적 분위기도 있었지만, 개인적으로 집을 지금 구매할까 고민했던 이유는 두

가지였다. 첫째 아이가 곧 초등학교에 들어간다는 사실과, 남편 외벌이로 연봉이 4천 미만일 때, 5억 미만 집을 구입하면 가장 저렴한 이자를 내는 디딤돌 대출이 가능하기 때문이었다. 디딤돌 대출은 연봉 2천 미만, 4천 미만, 6천 미만(생애 최초 7천) 구간으로 금리가 다르게 책정되기 때문에, 내가 아르바이트나 파트타임 혹은 그것이 무엇이던 간에 돈을 조금 버는 순간 구간이 달라져서, 금리가 0.1 혹은 0.2씩 올라가게 된다. 당시 가능했던 최종금리는 2.0% 였던 걸로 기억한다. 몇 억에 대한 0.1~0.2%는 굉장히 큰 금액 차이가 나기 때문에 금리를 최대한 싸게 받을 수 있을 때 뭐라도 사야 하나 생각했던 것이다.

그 고민마저도 하늘 위로 날려버리게 된 계기가 있었으니, 서울이 투기지역으로 지정되면서 주택담보대출이 40%로 줄어드는 일이 발생했다. 하하하. 5억 미만의 집이고 생애 최초 구입자인 경우는 50%까지 대출이 된다. 그러나 생활권을 크게 바꾸지 않으면서 그런 집을 찾는 건 모래사장에서 바늘 찾는 격이었다. 아이들이 다니고 있던 교육기관까지 생각하면 집 가격이 맞는다고 쉽게 아무 곳이나 갈 수 있는 것도 아니었다.

아, 이렇게 강제로 고민 종료, 혹은 강제 연기될 형편에 처했다. 그래서 긍정적으로 생각했다. 마곡 59F형! 햇살이 아름답고 뷰 또한 시원한 집에서 월 이자 약 3만 원만 내고 조금 더 오래 살 수 있게 된 거지~ 아싸! 이렇게 말이다.

그리고 그것 또한, 정말로 만족스러웠던 것도 사실이다.

초등학교 입학 전
정착 시도

1년 안에 초딩 맘의 라이프가 시작될 것이다. 사실 아이가 6살 후반이 될 때까지, 어떤 교육을 어떻게 시켜야 하겠다는 구체적인 계획을 세우지는 못했지만 단 한 가지 계획한 것이 있다면, 아이의 인생에 적어도 초등학교 전학은 없었으면 좋겠다는 것이었다. 그런 마음이 들자 초등학교에 다니기 전에 정착할 동네를 찾아야 할 것 같았다.

　물론 마곡 국민임대에 살면서 집에서 보이는 3분 거리의 학교에 진학하면 문제는 생각보다 간단한 것일 수도 있었다. 첫째는 종종 유치원 바로 옆에 있는 학교를 보며 내게 묻고는 했다.

"엄마. 내가 8살 되면 저 학교 가는 거야?"

"글쎄, 그건 좀 더 지켜보아야 할 것 같아. 시간이 조금 더 지나면 명확해질 거야."

일단, 초등학교에 들어간다는 것은 적어도 6년, 두 살 터울인 둘째까지 생각한다면 8년을 같은 자리에서 살아야 한다는 것을 의미했다. 내가 8년이나 같은 집에서 살 수 있을까? 물론, 마곡 국민임대 59F형은 합법적으로 나에게 30년 거주가 보장되어 있는 곳이므로, 뭐가 문제야라고 충분히 되물을 수 있다.

그러나 괜히 아이 초등학교 가기 전에 다들 무리해서 집을 산다는 말이 나오는 것이 아니더라. 설명할 수 없는, 곧 7살이 되는 부모의 마음을 설명하지 않아도 다들 공감하시리라. 그 고민을 본격적으로 하기 시작하자 그럼 아이를 어디서 어떻게 키울 건데라는 고민이 따라왔고, 만약 학원비 등 현재 남편의 외벌이를 상회하는 비용이 들어간다면 나는 돈을 벌어야 하는 걸까, 시댁이나 친정 옆으로 이사를 가서 아이를 부탁해야 할까 등 정말, 비엔나 소세지가 따로 없을 정도로 고민이 이어졌다.

일단 마곡을 기점으로 주위를 한 바퀴 둘러보았다. 점점 후보지를 좁혀가며 가격 변동을 주시하기도 했다. 물론, 후보지였던 동네들을 다 방문해서 실제 동선과 주거 환경을 분석했다. 그러나 대출을 받는다는 의미는 이자+원금을 매달 갚아나갈 수 있어야 가능한 일이다.

중소기업 남편의 월급=한 달 생활비, -끝-

즉, 내가 풀타임으로 일을 해야 우리 가정의 삶이 유지가 될 것이라는 게 팩트였다. 그렇게 생각하면 조금 더 멀리 이사를 가면 집은 좋아도 육아 도움을 전혀 받지 못하며 일을 해야 할 것 같았고, 시내로 나가면 30년 이상 된 복도식 아파트 혹은 나 홀로 빌라 정도에 살게 될 텐데, 마곡 새 아파트 59형에 살다가 그런 데로 옮길 생각을 하니 차마 쉽게 발걸음이 떨어지지 않았다. 결국 거주지를 결정할 때는 너무 뻔한 이야기지만 집+일자리+학교를 같이 고려해야 했다.

요즘 말로 영끌(영혼까지 끌어 모아) 대출을 하면서, 우리 가정에 적합하지 않는 곳을 고를 수는 없었기 때문이다. 이런 고민을 하다 보면, 국민임대 주택에 사는 게 너무 감사하고 분에 넘친다고 생각하면서도 내 집이 아니라는 사실에 이질감이 서걱서걱 밀려온다. 그렇게 내 표정이 고민에 절어 있자 첫째가 말했다.

"엄마, 유치원에서 배운 노래 불러줄게요. 우리 동네 이름

은 마곡동인데, 아주 아주 좋아요. 정말 좋아요. 커다란
네 거리엔 뭐든지 다 있어요~"

괜히 눈물이 나는 것 같았다. 그래, 우리 아이들이 지금
행복해하고 있고, 밖에서 태풍이 몰아쳐도 전혀 느끼지
못하게 내가 아이들의 집이 되어 주고 있다는 생각이 들
자, 이내 고민이 정리되고 마음도 진정되었다. 아이들을 보
면서 조급했던 마음을 내려놓고 실질적으로 우리 가정의
미래와 다음 이사를 위해 내가 준비할 수 있는 것이 무엇
인지 찾아보았다. 참, 내가 생각해도 나는 가만히 못 있는
캐릭터이다. 사람들은 이야기한다. 넌 늘 무언가를 하고 있
더라, 라고 말이다.

그런 내가 출산 후 아무것도 못하는 우울증의 문 앞에
서 손에 잡은 프로젝트가 있었으니, 바로 이 임대주택 프
로젝트였다. 처음에는 우리 집 하나만 어떻게 해결해보자
라는 마음에서 시작했던 게 사실이다. 그러다가 이러저래
정보를 알게 되면서 도움을 요청하시는 분들에게는 아무
런 대가 없이 상담해드리기도 했고, 어떤 때에는 이런 정
보는 세상에 너무 필요하다 싶어서 블로그에 글을 쓰기도
했었다. 때로는 임대주택 사는 게 뭐 자랑이라고 그런 시
선들이 부담스러워 글을 거두기도 했었다.

그런데, 방 3개짜리 국민임대까지 오고 나니, 더 이상

이 프로젝트 내에서 목표로 삼을 것이 없다는 느낌이 들었다. 임대주택을 이용해서 내 상황의 최대치까지 얻었다고 생각했다. 물론 장기전세는 84형, 114형 같은 대형 평수도 있고, 늘 미달에 가까운 강남권 장기전세 등 여전히 당첨이 가능한 곳들은 존재했으나, 우리 가족에게 마곡 국민임대 59F형은 만족 그 이상의 무언가를 주고 있었기에, 정말 획기적으로 더 나은 대안이 아니라면 굳이 이사의 필요성을 느낄 일이 없었다. 그러므로, '우리집은 어디에'라는 질문은 끝나지 않았지만, 그동안 미뤄두었던 자아실현 프로젝트에 에너지를 쏟아보는 건 어떨까 하고 주거 프로젝트는 살짝 접으려던 찰나였다.

돈을
적당히 벌다.

자아실현에 에너지를 쏟아보는 건 어떨까 하던 때, 2년 넘게 알바로 일하던 회사 부서에 계약직 풀타임 자리가 났는데, 오실 수 있는지 연락이 왔다. 나이스 타이밍이었다. 인수 인계 기간을 정하고 며칠 지난 뒤 다시 연락이 왔다. HR 부서에서 경력직으로 다시 뽑으라고 했다면서 너무 미안해 하셨다. 6개월 계약직을 경력으로? 그래, 그렇다 치자, 경력이라면 내가 그 부서 일을 가장 잘 알고 있고 바로 실무 투입이 가능한 1인이었는데? 알바로 들어가서 이력서를 낸 적이 없으니 HR 부서에서는 나를 무자격자라고 여겼을 수도 있겠다 싶긴 했다. 담당 대리님은 내정자라고도 애기해 봤다는데, HR이 그럴싸한 경력자를 원했다는 것이 사실 특이한 사례는 아니었다고 본다. 사회는 그런 곳이니까.

조금 씁쓸했다. 둘째 낳고 쉬고, 다시 일하고 햇수로는 4년, 실제 일한 것은 24개월 정도였다. 여하튼 전공자는 아니었지만, 자신 있는 일이었는데 이어가지 못하게 되었다. 시작부터 이런 일을 겪고 나니 기분이 좀 다운되긴 했지만, 이런 일 덕분에 더 확실히 마음을 정했다. 그동안 해온 스펙이나 학벌, 경력 그게 무엇이든 간에 대우받을 생각은 조금도 하지 않기로, '경단녀는 맨몸으로 처음부터 부딪혀야 하는 거구나'라는 것을 빨리 깨달을 수 있는 계기가 되어서 오히려 고맙게 생각하기로 했다.

자아실현 프로젝트에 제동이 걸린 건 비단 사회적 경단녀라는 위치 때문만은 아니었다. 사실 4인가족으로 국민임대에 거주한다고 했을 때, 월소득이 약 409만 원(2018년 기준)이 넘으면 할증이 붙기 시작한다. 그리고 600만 원 정도에 이르면 퇴거해야 한다. 즉, 집에서 나가야 한다는 뜻이다.

장기전세 제도도 좀 더 기준은 높지만 퇴거 기준이 있고, 행복주택의 경우 입주 시에만 소득 기준을 충족하면 월소득 퇴거 기준은 없는 것으로 알려져 있다. 남편은 내가 갑자기 큰 돈을 벌거나, 돈을 적당히 벌어도 퇴거 소득에 도달할 일은 없으니 걱정하지 말라고 했다. 그 말을 듣고 남편에게 어퍼컷을 날려주고 싶긴 했다. 나를 과소평가하는 것보다 소득이든 자산이든 초과돼서 기쁘게 퇴거를 맞이하는 꿈이 없는 것에 화가 났다.

사실 퇴거까지 가지 않아도, 할증의 최대치는 140%이므로 결코 적은 돈이 아닐 수 있다. 고민해 보니 내가 할 수 있는 일은 시간제 일이 적당했다. 돈을 벌면서 '적당히'라는 표현을 써야 한다는 것이 아이러니할 따름이다.

집 근처에 이케아 고양점이 오픈한다고 했다. 이미 채용은 마무리되었고, 추가 계약직만 모집하고 있었다. 16시간만 일해도 4대 보험을 해준다는 말에 덥석 지원을 했다. 무슨 일을 하는 건지는 모르겠지만, 선착순 알바 같은 건가 하는 마음으로 면접장에 갔다. 면접은 오전, 오후 나눠서 하루에도 수십 명이 왔다. 헐. 이렇게 경쟁이 센 거였다니. 면접장에는 이케아를 열망하는 재수생, 삼수생, 오수생 면접자도 계셨다.

그런 분들 가운데, 매니저 님은 감사하게도 나에게 기회를 주셨다. 나랑 같이 면접 본 많은 분들 중에 단 한 분만 내 동기가 되었다. 10년 만에 내 이름으로 4대 보험이 된다는 사실만으로도 기뻤다. 사람들은 가끔 "어떤 직장에서 일하고 싶어?" 묻고 하는데, 나는 늘 "4대 보험 되는 시간제 일자리요"라고 대답했다. 사람들은 너무 사소하다며 비웃기도 했지만, 현실에서 경단녀가 그런 일자리를 찾는 게 쉬운 건 아니었다.

주 16시간이라길래 8시간씩 이틀만 가면 되는 줄 알았는데, 스케줄은 아주 랜덤했다. 그중 나는 저녁 7시부터 밤 12시 타임을 가장 많이 하게 되었다. 사실 아이들을 찾아놓고 갈 수 있는 게 아니라서 아이들이 7시까지 유치원, 어린이집에서 아빠를 기다려야 하는 어려움이 있었지만, 우린 나름 행복했다.

할증이 붙지 않는 범위 내에서 4대 보험이 있는 시간제로 일할 수 있었고, 빚도 두 자리로 갚을 수 있었으며, 자아실현까지는 모르겠지만 육아로부터 독립된 나만의 시간도 가질 수 있었다. 사실 이케아에 가서 직원식당 밥만 사 먹어도 참 좋았다. 사람들을 태워주면 언제 폐차할 거냐고 자꾸 묻는 내 꼬물차는 자정 넘어서 행주대교를 달릴 때마다 힘들어 하면서도 시속 80km를 견뎌주었다.

행복하다고 표현했지만, 다른 한편으로는 카트를 밀고 제품을 옮기는 일까지 해야 해서 몸이 부서지는 줄 알았다. 출근 첫 날, 일의 강도를 보고 앗, 잘못 왔다 싶었지만, 아까 다짐한 것처럼 나는 남아 있는 자존심이 있다면 끄집어 내서라도 없애버려야 살아 남을 수 있는 경단녀였다.

뭐든 견디자, 부딪히자, 막노동도 해본 게 자산이다. 내가 이걸 하면 앞으로 뭐든지 할 수 있다, 이런 마음으로 견뎠다. 내가 여기서 물러서면 다시는 사회에 진입하지 못할 것처럼 열심히 일했다. 그런 나에게 우리 매니저는 "스테이시, 우리는 일을 열심히 하는 사람이 필요한 게 아니라 즐기면서 하는 사람을 원해요"라고 말하곤 하셨다. 무슨 말인지 이해는 했지만, 부양가족이 있는 아줌마가 일터에 돈 벌러 나와서 즐기는 마음으로 일하는 경지에 이른다는 것은 한국 사람에게는 참 어려운 미션이었다.

우리 팀은 가족 같았고 모두 정이 들고 행복했지만 결국 헤어져야만 했다. 우리 동기들은 서로의 앞날을 응원하며 치킨과 콜라로 아쉬운 마음을 털어냈다. 모든 경험은 피가 되고 살이 되리라.

이렇게 안정적인 집에 살면서 적당한 벌이로 크게 좋거나 그렇게 나쁘지 않았던 시간은 또 다시 오래 가지 못했다. 자아실현까지는 못 하더라도, 노력하면 늘 결과를 얻어왔던 나의 삶은 이제 경단녀로서의 후속 여파를 받아들여야만 했다. 우울해하면 뭐하나 좋은 사람들 만나 행복한 시간 보냈으면 많이 얻은 거다, 라는 마음으로 스스로를 토닥토닥했다.

아이가 초등학교에 입학하기 전 내집 마련에도 실패했고, 경력없는 경단녀의 사회 복귀도 실패했을 무렵, 정부는 신혼부부 기간을 7년까지로 확대하겠다는 발표를 했다. 정말 내 가슴은 오랜만에 재미있는 장난감을 발견한 아이처럼 콩닥콩닥 뛰기 시작했다.

그 이야기가 처음 나왔을 때 우리는 6년 2개월 차의 중고 부부였고, 실제로 7년 부부도 신혼부부로 적용해주기 시작했던 시점에 우리는 6년 8개월 차였다. 즉, 2018년 4월부터 2018년 8월까지의 시한부 신혼 조건을 돌려받게 된 것이다. 100일 남짓 되는 이 짧은 기간에 무언가 재미있는 일이 발생할 수 있을까? 경단녀 사회 진입 실패의 아픔을 무마할 만한 멋진 일이 일어났으면 좋겠다는 막연한 기대가 들었다. ^^

CHAPTER 06

누가 도돌이표 달았니?

그렇다. 나는 약 100일간의 시한부 신혼을 돌려받게 되었다. 그런 내용의 법이 예고되고 나서 실제 적용되기까지 매일 언제쯤 시행되나 목이 빠지게 기다렸던 것 같다. 2018년 3월 30일 SH 행복주택 공고를 시작으로, 4월 SH 국민임대, 그리고 5월 민간 및 공공분양에까지 적용되었다.

사실 나는 언젠가 내 집을 갖게 된다면 그것은 공공분양을 통해서일 거라고, 정말 손톱 만큼의 의심도 없이 믿고 있었다. 당시 거주하던 마곡지구는 정말 부동산으로 뜨거운 곳이었다. 그리고 누구나 마곡 9단지 공공분양을 넣어보겠다고 벼르고 있었다. 농담으로 서울에 살아 있는 모든 청약통장이 마곡으로 향한다는 이야기를 할 정도였다. 나 또한 임대주택을 처음 시작할 때 겪었던 것처럼, 내 집 마련에 대해 남들과 크게 다른 생각을 하지 않았었다.

마곡 국민임대에 살다가 마곡 공공분양에 당첨되면 내 인생의 베스트 시나리오일 거라고 믿어 의심치 않았다. 정말 공공분양만이 살 길이라고 종교처럼 신뢰했다. 마곡 9단지 공사장 주변을 걸어다니면서 내게로 오라고 저기가 우리 집이 될 거라고 외쳤다가도, 분양 가격이 얼마나 될 줄 알고 아무리 공공분양이라도 59형(방 3개)이 5억은 될 텐데 생각하니, 혹시나 엄청난 경쟁자를 제치고 당첨이 되더라도 그 금액을 마련해서 들어갈 수 있을까 하는 현실과 맞닥뜨리고 한숨 쉬기도 했다.

그런데 내가 꿈꾸는 이런 일이 현실이 되려면, 사실 공공분양 생애 최초 무작위 추첨에서 당첨이 되어야 가능한 것이었다. 생애 최초는 집을 소유한 이력이 없는 사람들 중에 5년간 근로소득세를 냈으며, 소득 기준이 부합하는 사람 전체에게 추첨 자격을 주기 때문에 정말 랜덤 추첨이다. 말 그대로, 무언가 내가 준비할 수 있는 전략을 세울 수 있는 것도 아니라는 뜻이다.

그러므로 그냥 내 바람들은 '길 가다가 누가 떨어뜨린 로또를 주었는데, 그게 1등짜리였대'라는 이야기랑 크게 다르지 않을 수도 있었다. 그렇게 공공분양 중에 특별공급

생애 최초만 바라보면서 나머지 인생의 계획을 세웠었다.

마곡 9단지 안 되면 강일지구, 구룡지구, 마곡 10단지 등 계속 공공만 도전할 생각이었다. 물론, 컴퓨터 추첨으로 선정되는 것이니 한 번에 될 수도 아니면 평생 안 될 수도 있는 노릇이었다. 공공분양은 특별공급 외에는 청약통장 인정 입금액으로만 정직하게 당첨자를 가리기 때문에, 청약을 오래 가지고 계신 어르신들을 제치고 젊은이가 일반에서 당첨될 확률은 제로에 가깝다.

이렇게 생각하니 빠르게는 3년에서 5년, 길게는 10년 동안 국민임대에 살면서 공공분양만 지원하는 시나리오였다. 공공분양만 바라보는 이유는 명백했다. 처음 공급가가 지역 시세의 80% 내외로 저렴한 편이었기 때문이다. 싼 가격이라는 말에 이끌려 사실 다른 조건들은 개의치 않았다고 보면 맞을 것 같다.

임대주택 중 복지의 개념이 강하게 적용되는 영구임대와 국민임대를 포함해서, 보증금이 녹록치 않은 장기전세, 행복주택, 공공임대까지 임대주택 이용자들은 조금 더 싼 가격에 이를 사용하고 있기는 하지만, 어디까지나 공짜는 아니라는 사실을 알아야 한다. 실상은 '가격 + 무언가'를 지불하고 사용하고 있는 것이다. 임대주택의 경우 '가격 + 자산 증식의 기회'일 것이고, 공공분양의 경우는 '가격 +

실거주 필수(그 기간 동안 이동의 자유)'가 될 것이다.

　요즘 신혼희망타운이 지금까지의 공공분양과는 다른 멋진 4Bay 구조로 뽑은 평면도가 돌아다닐 정도로 가장 핫하게 회자되고 있다. 아직 신혼이고, 소득 제한 조건에 충족되는 분들은 아마 다들 준비하고 있지 않을까 생각한다. 언론에서는 되기만 하면 로또라느니 하면서 긍정적인 부분만 많이 소개하고 있는데 나도 좋은 제도라고는 생각하지만, 이를 준비하면서 고려해야 할 점도 있다는 사실을 말하고 싶다.

　일단 내가 이 제도의 가장 큰 장점으로 보는 것은 시세보다 저렴한 가격이 아닌, 4억까지(주택가격의 최대 70%) 20년, 30년 고정금리 1.3%로 빌려준다는 것이다. 지금 서울 같은 경우 5억 이하의 집에 대해서 최대 대출 한도는 생애 최초 주택 구매자에 한해서 50%이다. 그런 면에서 대출 완화 혜택을 당첨자 몇 명은 누리게 될 것이다. 여기에 금리 또한 환상적이다. 아주 낮은 금리는 매력적이다. 하지만 이 같은 대출을 쓸 경우, 다음 표의 수익공유형 모기지의 영향을 받는다는 사실을 꼭 염두에 두어야 한다.

　지금껏 공공분양의 전매 금지기간은 길어도 3년, 실거주도 길어야 1~3년이었던 것에 비하면 신혼희망타운의 경우 전매 제한 8년에 실거주 5년이면 상당히 긴 기간이

〈표1〉 신청자격별 신청 및 검증 기준

신청자격	기본요건	주택·소득·자산 등의 자격검증 범위
신혼부부	혼인 중인 자로서 혼인기간이 7년 이내	무주택세대구성원(아래 참조)
예비신혼부부	혼인을 계획 중이며 공고일로부터 1년 이내 혼인사실을 증명할 수 있는 자	혼인으로 구성될 세대 (신청자가 청약 시 직접 입력)
한부모 가족	6세 이하(만 7세 미만을 말함) 자녀를 둔 부 또는 모	무주택세대구성원(아래 참조)

※ 신혼희망타운의 청약자는 입주 시까지 무주택자격을 유지해야 하고, 해당 자격을 갖추지 못하였을 경우 입주자선정에서 제외되고 공급계약이 취소됩니다.

- 공공주택 특별법 시행규칙 별표 8의 2에 따라 총자산가액(250,600천원)을 초과하는 주택의 입주자로 선정된 분은 '신혼희망타운 전용 주택담보 장기대출상품(「주택도시기금법」 제10조 제6항에 따른 기금운영계획으로 정한 상품)'에 가입하고 입주시까지 해당 모기지 가입 사실을 증명해야 합니다. 만약 해당 상품에 가입하지 않았음이 판명되는 경우 입주자선정에서 제외되고, 공급계약이 취소됩니다.
- '무주택세대구성원' 또는 '혼인으로 구성될 세대(예비신혼부부에 한함)'는 주택소유여부, 소득 기준 총자산기준, 중복청약, 재당첨제한 등의 검증대상 및 판단기준이 됩니다. 무주택세대구성원의 기준일은 위 공고일이며, 그 이후 등본상 세대구성원의 변경이 있는 경우(예. 세대구성원의 주민등록이전 등) 공고일 기준 세대구성원을 증명할 수 있는 주민등록등본 및 초본(세대주와의 관계, 전입변동일 포함 발급)을 당첨자 서류와 같이 제출하여야하며 증빙 서류 미제출로 인한 불이익은 당첨자에게 있습니다.

신혼부부 신청 자격

- 입주자모집공고일 현재 수도권(서울특별시, 경기도, 인천광역시)에 거주하면서 아래 조건 ① ~②를 모두 갖춘 신혼부부
  ① 혼인 중인 신혼부부로서 혼인기간이 7년 이내인 무주택세대구성원
  ※동일 배우자와 재혼하였을 경우 혼인기간은 전체 혼인기간을 합산
  ② 입주자저축(주택청약종합저축, 청약저축)에 가입하여 6개월이 경과되고, 매월 약정납입일에 월납입금을 6회 이상 납입한 분
  ※공고일 이후 아파트투유(www.aptyou.com)에서 본인의 입주자저축 가입 확인서/순위 확인서를 통해 확인
  ③ 무주택세대구성원 전원의 월평균소득이 '〈표4〉 2017년도 도시근로자 가구당 월평균소득'의 120%(단, 배우자가 소득이 있는 경우에는 130%) 이하인 분

(단위 : 원)

신혼부부 소득기준		3인 이하	4인	5인	6인	7인	8인
배우자소득 없는 경우	도시근로자 가구당 월평균소득액의 120%	6,003,108	7,016,284	7,016,284	7,484,006	7,950,972	8,437,938
배우자소득 있는 경우	도시근로자 가구당 월평균소득액의 130%	6,503,367	7,600,974	7,600,974	8,086,007	8,613,553	9,141,100

  ④ 해당 세대의 총자산 합계액이 '〈표3〉 총자산보유기준'(250,600천원) 이하인 분

될 수 있다. 8년간 집을 팔 수 없고, 5년은 꼭 살아야 하고, 10년 안에 팔면 2자녀라도 수익의 30%까지 반납해야 한다. 음, 정말 공짜는 없다라는 말이 실감 나는 대목이다. 첫 번째로 공급되었던 위례 같은 경우 55형이 4억 6천이었고 자산 제한은 2억 5천이었다. 그렇다면 무조건 2억 이상은 수익공유형 모기지에서 빌려 써야 한다는 뜻이다. 다달이 큰돈을 내면서 살다가 팔 때 3억이 오르면, 무자녀의 경우 1억 5천, 2자녀라도 9천만 원을 현금으로 내놓고 가야 한다면, 엄청나게 파격적인 딜은 아닐지도 모르겠다.

모든 제도는 장단점이 있고, 그중 우리 가정에 더 적합한 제도가 있다. 신혼희망타운은 좋은 제도가 될 것이지만, 그것만이 유일한 길인 것처럼 준비하고 그 결과에 인생을 걸지는 않았으면 좋겠다. 이미 신혼희망타운의 점수 체계라거나 가격 평면도 같은 정보는 인터넷에 퍼져 있으니 여기에서 언급하지는 않을 것이다. 그러나 공공 분야 주택을 계속 공부해 온 이용자의 한 사람으로써, 모든 것의 득과 실을 잘 계산해서 각 가정의 상황에 맞는 선택을 하시길 추천드리고 싶다.

이케아에 다닐 때였다. 다양한 연령대의 직원을 보유한 이케아에서 우리 아버지 또래 연배 되시는 같은 팀의 케빈 씨와 이야기를 나누게 되었다. 이야기를 하다 보니, 케빈 씨는 전에는 신도림 태영아파트에 사셨고 현재는 마포 래미안 푸르지오에 사신다고 하는 것이다. 모두 나에게는 익숙한 곳들이었다. 그래서 내친 김에 집 이야기를 나누게 되었다. 우리 가정이 신혼 기간을 회복하게 되어서 그 100일 남은 기한 동안 구로구 항동 공공분양을 넣어볼까 한다고 이야기를 꺼냈더니 케빈 씨는 이케아에서 시간제로 일할

2018년 신혼희망타운 공고문 중 '수익공유형 모기지' 부분

- 개요: 연 1.3% 고정금리로 최장 30년간 집값의 70%까지 지원하고, 주택매도 및 대출금 상환 시 시세차익(주택매각금액−분양금액)의 최대 50%를 기금과 정산하되, 정산시점에 장기대출자 및 유자녀 가구에 혜택 부여
- 의무가입 대상: 주택 공급가격이 총자산가액(250,600천원)을 초과하는 주택의 입주자로 선정된 분(위례지구 전체 해당)
- 가입한도: 4억원(주택 공급가격의 70% 이내)
- 취급은행: 우리은행, 국민은행, 신한은행
- 대출기간: 1년 거치 19년 또는 1년 거치 29년 원리금균등분할상환원칙, 중도상환시에는 전액 상환만 허용(3년간 조기상환은 원칙적 불허)
- 대출절차: 분양계약 체결→ 대출신청(잔금 2~3개월 전) → 대출 심사 및 실행 →수탁은행에서 대출 결과 LH에 전송 → LH는 대출 실행 확인 및 입주 허용
- 문의: HUG 콜센터(1566−9009) 및 LH 콜센터(1600−1004)
- 상세자료: 주택도시기금(nhnf.molit.go.kr) 홈페이지의 '개인상품' 확인

〈수익 공유 정산표 일부 발췌〉

대출기간(년)	대출 70% 실행시			대출 60% 실행시			대출 50% 실행시			대출 40% 실행시			대출 30% 실행시		
	자녀0	자녀1	자녀2	자녀0	자녀1	자녀2	자녀0	자녀1	자녀2	자녀0	자녀1	자녀2	자녀0	자녀1	자녀2
1 ~ 9	50%	40%	30%	45%	35%	25%	40%	30%	20%	35%	25%	15%	30%	20%	10%
14	40%	30%	20%	35%	25%	15%	30%	20%	10%	25%	15%	10%	20%	15%	10%
19	30%	20%	10%	25%	15%	10%	20%	15%	10%	20%	15%	10%	20%	15%	10%
24 이상	20%	15%	10%	20%	15%	10%	10%	15%	10%	20%	15%	10%	20%	15%	10%

- LTV 비율은 70%, 60% 50%, 40%, 30% 중에 선택 가능하며 다른 비율은 선택 불가
- 정산비율이 30%인 경우, 매각차익(매도가격−분양가격)의 30%를 기금이 회수
- 정산시 저분손익(또는 평가손익)은 부동산 중개료, 감정평가 수수료, 취득세, 주택수리비용, 차주가 납부한 기금이자 등 제반 비용은 감안하지 않음
  다만, 만기상환시 감정평가 비용은 기금이 부담하나, 대출개시 후 주택을 매각하거나 대출금을 상환하는 경우 감정평가 비용은 고객이 부담함
※ 신혼희망타운 전용 주택담보 장기대출상품은 「주택도시기금법」 제10조 제6항에 따른 기금 운영계획에 따라 일부 변경될 수 있음

생각하지 말고, 사회에 나가서 풀타임으로 자리를 잡으라고 따끔하게 조언하셨다. 그러면서 공공 분양만 고집하지 말고 민간 분양도 함께 넣어보라고 조언하셨다. 그때까지 나는 공공만이 살 길이라는 편견에 갇혀 있었는데, 케빈 씨의 진심 어린 조언 덕분에 조금 더 넓게 세상을 봐야겠다는 생각을 갖게 되었다.

그때의 대화가 내가 내릴 앞으로의 결정에 어떤 영향을 미쳤는지는 차차 확인해 보기로 하자.

다시 신혼희망타운과 앞으로 있을 마곡 9단지, 강일, 위례, 구룡, 고덕 등 공공분양 이야기를 조금만 더 하자면, 물론 당첨만 된다면야 수익 외에도 실거주 자체만으로도 행복할 것이다. 다만, 마지막 한 가지 잊지 말아야 할 것은 이렇게 혜택을 입는 사람은 준비하는 사람에 비해 아주아주 소수라는 사실이다. 누군가는 당첨이 된다. 하지만 기다린다고 해서 그게 언젠가 내가 된다는 보장은 없다.

내가 너무 부정적이라고 느끼실 수도 있다. 하지만 현재 신혼희망타운의 경우 만점에서만 당첨자가 나올 것으로 예상되고 있다. 그럼 그 아래 점수들은 될 것 같다는 기대 혹은 우리 집이 될지도 몰라 하는 바람을 지금이라도 접고, 다방면으로 내 집 마련 전략을 세우는 게 좋다는 것이다. 이번 신혼희망타운이 안 되면 다음 신혼희망타운을 기다려서라도 꼭 끝장을 보겠어 하다가는 신혼 기간이 끝날 수도 있다는 말이다.

인생은 새옹지마. 이 길이 막히면 다른 길로 갈 수도 있다. 혹시 아는가? 더 좋은 길이 생길지.

마곡 9단지만 목 빠지게 기다렸던 나도 다행히 빨리 깨달았다. 나 같은 사람이 몇 만 명이고 그 중에 컴퓨터 랜덤 추첨으로 내가 뽑힐 확률 따위를 기대하는 것은 계획이라고 볼 수도 없다는 것을 말이다. 나도 안다. 실낱 같은 희망

2018년 신혼희망타운 지역우선순위

■지역우선 공급기준
〈표2〉 우선공급 단계별 지역우선 공급기준

기준일	지역구분	우선공급비율	지역 우선 공급 거주 입력 대상자
입주자모집공고일 (2018.12.21)	① 해당 주택건설지역(하남시)	30%	• 공고일 현재 하남시 1년 이상 거주자 −주민등록표등본상 '17.12.21 이전부터 계속하여 하남시 거주('17.12.21 전입한 경우 포함
	② 경기도	20%	• 공고일 현재 경기도 1년 이상 거주자 −주민등록표등본상 '17.12.21 이전부터 계속하여 경기도 거주('17.12.21 전입한 경우 포함
	③ 기타지역(수도권)	50%	• 공고일 현재 주민등록표등본상 경기도(1년 미만), 서울특별시, 인천광역시에 거주하는 분

※ 선정 단계별 지역 우선공급 기준은 공고일 현재 신청자의 주민등록표등본상 거주지역이며, 주민등록말소 사실이 있는 경우 거주기간은 재등록일 이후부터 산정됩니다.
※ 경기도 거주기간 산정 시 경기도내 시·군 사이에서 전입·전출한 경우에는 합산 가능합니다.
※ 공급세대수를 상기 지역우선비율로 배분 시 소수점 이하가 발생할 경우 소수점 첫 자리에서 반올림하고, 소수점 자리가 동일한 경우 해당지역에 배정합니다.
※ 하남시 1년 이상 거주자가 30% 우선공급에서 낙찰될 경우, 20% 물량의 경기도 1년 이상 거주자와 다시 경쟁하며, 그래도 낙찰될 경우 나머지 50% 물량의 수도권 거주자와 다시 경쟁합니다.
※ 선정 단계별 경쟁 시 해당 주택건설지역 거주자에게 우선공급비율만큼 우선공급하며, 해당지역 거주자 신청 결과 미달된 물량은 기타지역 거주자에게 공급합니다.
  (단, 예비입주자의 경우 지역우선공급 기준이 적용되지 않음)
* 하남시 1년 이상 계속 거주자 신청접수 결과 미달된 세대는 경기도 1년 이상 계속 거주자에게 우선공급한 후 최종 미달된 세대는 수도권 거주자 공급세대에 포함하여 공급합니다.

이라도 잡고 싶은 마음을.

그러나 냉정하게 말하면, 많은 이들이 꿈꾸지만 소수만 그 혜택을 누리는 것이 명백한 로또처럼, 그런 생각은 공공주택에서도 기대하지 않는 것이 좋다. 그것만 믿다가 안 되면 그 박탈감과 원망은 내 몫일까? 아니면 제도를 만든 사람의 몫일까?

제도는 목적이 아니라 수단이다. 많은 임대주택에 거주하는 분들이 신혼희망타운에 지원할 것이다. 다만, 지역우선순위가 있으니 공급되는 그 지역에서 끝날 것이 거의 확실시 된다. 그러므로 다양한 전략을 세워서 도전하길 권장해 본다.

행복주택
in 강남

꽃샘 추위가 남아 있는 2018년 3월의 어느 날이었다. SH 공사 홈페이지에 새로운 공지가 떴다. 또 이런 재미있는 것을 클릭도 안 해보고 넘어갈 수는 없다. "임대주택 준비, 어떻게 해요?"라고 물어보시는 분들에게 내가 드릴 수 있는 교과서적인 답변은 이것이다. "SH 도시주택공사, LH, 마이홈 웹사이트를 즐겨찾기 하시고 매일 출근 도장 찍으세요! 공고문을 읽는 것보다 좋은 공부는 없습니다."

한참 상담을 해드리고, 얼마 뒤에 다시 연락이 오기도 한다. 신청기한을 놓쳐서 못했다고 말이다. 그러니 목 마른 사람이 우물을 파야 하는 것이다. 자신이 직접 캐낸 정보가 자신에게 더 가치 있게 느껴지기 마련이다. 정확히 말하면, 나 역시 임대주택 정보를 주려고 이 책을 쓰지는 않았다.

정보는 언제나 변한다. 그러나 내 경험을 풀어놓은 이 글을 읽는 분들이 스스로 움직여 보겠다고 결단하게끔 돕는 역할을 한다면, 참 기쁠 것이다.

좋은 정보를 찾고 있는가? 평면도, 공급물량, 가격 등 정보는 인터넷 어디에서나 쉽게 접할 수 있다. 그리고 한정적인 물량의 임대주택에 들어가길 원하는 또 다른 임대주택 이용 대기자(경쟁자라고 표현하고 싶지는 않다)들도 쉽게 얻을 수 있는 정보라면, 그게 내게 무슨 이익이 될 것인가?

가족의 주거를 해결하려는 프로젝트의 결과물을 보기 원한다면, 절대 감 떨어지기만을 기다리지 말고, 감 따는 방법을 직접 발굴해내야 한다. 임대주택은 물론 주거 관련한 모든 프로젝트에서는 '열 번 찍어 안 넘어가는 나무 없다'라는 속담이 통하지 않는다.

그래서 늘 이 임대주택 판이나 부동산업계에 무슨 일이 일어나고 있는지 항상 안테나를 켜놓아야 한다. "임대주택 이용 희망자는 임대주택 제도만 공부하면 되나요?"라고 질문하신다면, 내 대답은 No이다.

정부의 부동산 정책 방향에 따라 임대주택 수요 대기자가 증가했다가 줄었다가 할 수 있고, 특정 시기에 몰리

구분	소득기준

• 대학생 계층, 청년 계층, 신혼부부 계층, 고령자

구분		3인 이하	4인	5인
가구당 월평균소득의 80%	청년 계층(본인)	4,321,451원	4,932,162원	5,359,892원
가구당 월평균소득의 100%	대학생 계층 (본인 및 부모)	5,401,814원	6,165,202원	6,699,865원
	청년 계층 (세대원이 있는 경우)			
	신혼부부 계층 (예비신혼부부 포함)			
	고령자			

소득

- 6인 이상 가구는 통계청이 발표한 5인 가구 소득에 가구당 **월평균소득의 80%**는 1인당 평균금액(519,221원), 가구당 **월평균소득의 100%**는 1인당 평균금액(649,026원)을 합산하여 산정합니다.
- 위의 월평균 소득기준은 전년도 도시근로자 가구당 월평균소득 금액입니다.
- 가구원수는 무주택세대구성원 전원을 포함하여 산정합니다(태아수를 가구원수에 포함하여 산정함)
- **대학생**계층은 본인 및 부모의 소득만 해당됩니다.(이혼한 부모의 경우 부양 의무를 이행하고 있는 부 또는 모의 소득만 산정)
- **청년 계층**은 세대원이 있을 경우 해당세대의 월평균소득이 가구당 월평균소득의 100% 기준에 충족해야 하며(본인의 월평균소득을 포함하여 산정) 본인의 월평균소득 기준은 가구당 월평균소득의 80%를 충족해야 합니다.
- **신혼부부** 계층(예비신혼부부 포함)은 해당세대의 월평균소득이 가구당 월평균소득의 100% 기준에 충족해야 하며, 배우자(예비신혼부부의 경우 예비배우자)가 소득이 있는 경우에도 100% 이하를 충족해야 합니다.

❖ **자산기준**

• 총 자산가액은 부동산, 자동차, 금융자산, 기타자산을 합산한 금액에서 부채를 차감하여 산출합니다.
※ 부동산, 자동차 일반자산 등을 지분으로 공유하고 있는 경우 전체가액 중 해당지분가액을 소유한 것으로 봅니다. (다만, 같은 세대원간에 지분을 공유하고 있는 경우에는 세대원간의 지분 합계액을 소유한 것으로 봄)
※ 금융자산 및 금융부채는 사회보장정보시스템에서 조회된 금액을 입주자모집공고일에 산정된 것으로 봅니다.(마이너스통장대출, 신용카드 연체대금 등의 경우 부채인정불가)
– 대학생 계층(본인)은 총자산 기준 7,500만원 이하
– 청년 계층(세대주 아닌 경우 본인만)은 총자산 기준 23,200만원 이하
– 신혼부부 계층·고령자는 총자산 기준 28,000만원 이하
※ 사회보장정보시스템을 통하여 제공 받은 정보는 국가 또는 공공기관이 보유한 공적 자료입니다.

는 특정 유형의 임대주택이 있고, 장기적 관점에서 영향을 덜 받는 제도도 있기 때문이다. Be proactive! 선제 공격을 하지 않으면 수습을 해야 한다.

그래서 나는 늘 안정적인 임대주택에 살면서도 레이더를 *끄*지 않고 있었다.

그날의 공고는 2018년 1차 행복주택이었다. 아침부터 네이버에 "강남 행복주택, 금수저 임대, 로또 임대 논란" 이런 류의 기사 타이틀이 걸렸기에, 그날 그 공고가 나왔다는 것을 모르고 가기도 어려울 정도였다.

공고를 훑어본 나의 관심을 *끄*는 부분은 신혼부부 자격을 예비 신혼부부부터 혼인 신고 7년째 되기 전날까지의 부부로 완화한 것이었다. 예비 신혼부부부터 혼인 신고 7년이라는 조건이 의미하는 것은 신혼부부 전형에 웬만한 20~30대는 얼추 포함이 된다는 것이다. 대상이 넓어졌다는 것은 경쟁은 더 심화될 것이라는 이야기다. 다만, 이 공고 같은 경우 법 개정 후 첫 공고였기에 덜 알려졌던 것으로 보인다.

보통 이전의 행복주택이라고 하면 29형, 39형의 초소형에 거주 기간 최대 6년, 그리고 월세라는 공식이 적용되었으므로 나도 관심을 갖고 있지 않은 분야였는데, 그 공고부터는 49형, 59형이 대거 포함되어 있었고, 아이가 있을 경우 거주 기간이 10년으로 늘어난 점도 눈여겨볼 만했다. 신혼기간 6년 8개월 차에 접어들던 우리 가족에게는, 적어도 지원해볼 수 있는 무언가가 생긴 것이다.

그날은 오랫만에 친구들과 점심 약속이 있던 날이었다. 여기서 친구들이란, 마곡 유치원에서 만난 딸내미 친구들의 엄마들인데, 우리의 주거 형태는 분양과 장기전세, 국민임대 등으로 각기 다 달랐지만, 우리는 좋은 팀이었고 심심치 않게 서로의 가정과 미래의 주거 형태를 논의하고는 했었다.

그 친구들에게 "오늘 이런 공고가 나왔어. 강남 브랜드 아파트가 보증금이 1억 5천 미만인데, 환상적이지 않아?(물론 월세가 50만 원이지만)" 이렇게 흥분해서 이야기했던 기억이 새록새록하다.

아마, 친구들은 쟤 또 저러는구만 하면서 이 작은 날갯짓이 실제 이사로 이어지리라는 생각은 안 했을 것이다. 공고를 읽고 읽고 또 읽고 평면도가 그려진 팸플릿도 꼼꼼히 정독했다. 혹시나 신청했다가 덜컥 되면, 나도 브랜드 아파트에 살아보게 되는 걸까? 결혼 후 공공 아파트에만 살아온 내게 워너비까지는 아니었지만, 브랜드 아파트는 한번 겪어봐서 나쁠 것 없는 영역이긴 했다.

신청해 보기로 결정을 내렸다면 그 공고 중에서 어느 지역, 어떤 평형을 고를지는 한 번의 클릭만으로는 내리기 힘든 결정일 것이다. 일단, 내 선택지에 영향을 줄 팩트에는 이런 것들이 있었다.

1. 현재 나는 이사할 필요가 있는가?
2. 지금보다 무언가 획기적인 장점이 있는가?
3. 만약 이사를 간다면, 그 다음 이사가 그려지는가?
4. 돈의 문제에서 돈을 지불할 가치가 있는가?
5. 아이들에게 어떤 변화가 생길 것인가?

각각의 질문에 대해 시나리오 작업을 먼저 해보았다.

우선적으로 이제 초등학교 입학을 몇 달 앞둔 큰 녀석을 고려해야 했고, 혹시나 그때 준비하던 구로 항동지구 신혼부부 특별분양에 당첨된다면 이 신청은 버리는 패가 될 게 분명했다. 혹시 항동이 안 되고 행복주택으로 이사를 가는 상황이 발생하더라도 다음 공공분양 신청을 위해 자산 제한을 맞춰놓은 세팅을 크게 흔들고 싶지 않았다. 만약 이사를 갔는데, 1년 뒤에 마곡 9단지 분양에 당첨이 되면 어떡하지, 1년 반만에 다시 마곡으로 전학을 오는 건가?

아직 발생하지 않은 일이지만, 경우의 수는 엄청났다. 이렇듯, 아무리 매력적인 조건의 공고에 감탄이 나오는 집이 공급되더라도 우리는 공고문만 보고 결정을 내릴 수는 없다. 각 가정의 상황이 다양하기 때문이다. 공고문을 기반으로 한 결정을 내려야 하지만, 공고문에 나온 수치만 보고 판단을 한다면 당첨이 되더라도 갈 수 없는, 못 쓰는 선택지가 될 수도 있는 것이다.

일단, 그 공고에서 나의 촉은 서초구에서 나온 반포 푸르지오 써밋, 반포 래미안 아이파크, 서초 래미안 에스티지로 향했다. 이유는 간단했다. 같은 자치구인 서초구에 4곳이 같이(서초 선포레까지 포함해서^^) 나왔으니 분산되는 효과가 있으리라는 판단이었다. 이 공고에서는 동작구에 위치한 래미안 로이파크가 굉장히 핫했다. 59형인 데다가

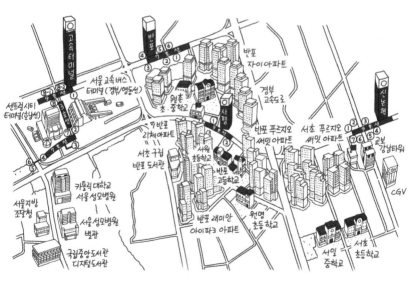

강남 행복주택 지역도

263

2019년 행복주택 신혼부부 우선공급 가점표

■ 일반공급 순위

입주자모집공고일(2019. 3. 29.) 현재 일반공급대상자의 요건을 모두 갖추고 아래 1·2·3순위의 요건을 갖춘 자

1순위	해당 주택건설지역(서울특별시) 또는 연접지역 (의정부시·남양주시·구리시·하남시·성남시·과천시·안양시·광명시·부천시·인천광역시·김포시·고양시·양주시)에서 거주하거나 소득이 있는 업무에 종사중인 자
2순위	해당 주택건설지역이 속한 주택공급에 관한 규칙 제4조 3항 각호의 지역으로서 1순위에 해당하지 않는 지역 (수원시·평택시·동두천시·안산시·오산시·시흥시·군포시·의왕시·용인시·파주시·이천시·안성시·화성시·광주시·포천시·여주시·연천군·가평군·양평군)에서 거주하거나 소득이 있는 업무에 종사중인 자
3순위	1순위 및 2순위에 해당하지 않는 자

※ 일반공급 순위는 신청자 본인 또는 배우자(예비신혼부부의 경우는 예비배우자)의 거주지나 소득활동소재지 기준으로 심사합니다. (한부모가족은 본인 기준으로만 신청이 가능)
※ '소득 근거지'란 사업자등록증 (또는 법인등기부등본 등)으로 확인하며 단, 실제 근무지가 사업자등록증의 소재지와 다른 경우 신청인이 해당 증빙서류(재직증명서, 근로계약서 등)를 추가 제출할 경우에 인정합니다.

■ 우선공급

입주자모집공고일(2019. 3. 29.) 현재 일반공급대상자의 요건을 모두 갖추고 아래 1순위 또는 2순위의 요건을 갖춘 자
※우선공급에서 탈락한 신청자는 별도의 신청절차 없이 일반공급 신청자로 전환됩니다.

· 순위

1순위	행복주택이 위치하는 서울특별시 **해당자치구**에 거주하는 자
2순위	행복주택이 위치하는 서울특별시 **해당자치구 외 서울특별시**에 거주하는 자

※우선공급 순위는 신청자 본인의 거주지 기준으로 심사합니다.
※우선공급 순위 및 배점항목은 신청자 본인(예비신혼부부의 경우 대표신청자) 기준으로 심사합니다.

· 배점

항목	3점	1점
① 거주지 및 거주기간	행복주택이 위치하는 서울특별시에 3년 이상 거주 ※서울시 최종전입일이 2016. 3. 29.(당일포함) 이전인 자	행복주택이 위치하는 서울특별시에 3년 미만 거주 ※서울시 최종전입일이 2016. 3. 30.(당일포함) 이후인 자
② 주택청약종합저축(청약저축 포함) 납입횟수	가입 2년이 경과한 자로서 매월 약정 납입일에 월납입금을 24회 이상 납입한 자	가입 6개월이 경과한 자로서 매월 약정 납입일이 월납입금을 6회 이상 23회 이하 납입한 자

※ 거주지 및 거주기간은 주민등록표를 기준으로 하며, 주민등록표상 공고일 현재 "계속하여" 등재되어 있는 사실이 확인되는 경우에 한합니다.
※ 배점은 신청자(예비신혼부부의 경우는 '대표신청자') 본인이 주택청약종합저축(청약저축 포함) 및 거주기준으로 심사하며 신청자가 아닌 배우자(대표신청자가 아닌 예비재우자)의 주택청약종합저축(청약저축 포함)은 배점으로 인정되지 않으므로 신청 시 착오가 없으시길 바랍니다. 또한 신청 시 주택청약종합저축은행명 착오기입으로 인해 납입인정회차가 조회되지 않을 경우에는 점수가 인정되지 않으므로 반드시 본인이 가입한 주택청약종합저축은행을 확인하여야 합니다.

• 경쟁 시 입주자 선정기준

구분	입주자 선정 순서
우선공급	순위 → 배점 → 해당 순위 지역의 거주기간이 오래인 자 → 추첨
일반공급	순위 → 추첨

가격도 아름다웠기 때문이다.

그렇지만, 아무리 내가 여기만 기다려왔다는 이유로 신청했다가는 서류 탈락이 확실했다. 동작구에 59형은 딱 여기만 나왔기에 동작구민 1순위 만점에서 끝날 것이 뻔해 보였다. 물론 소수의 추첨 물량도 존재했지만 말이다.

두 번째로 서초구 중에 신청 후보에 오른 단지의 경우는 통상적으로 49형과 59형이 같은 단지에 같이 나온다면 49형은 찬 밥이다. 1순위 서초구 지원자들은 아마 거의 59형을 선택할 것이기 때문이다. 그래서 공고를 분석하는 내 입장에서는 서초구 49형이 뚫려 있는 지점으로 보였다. 사실 그때 판단했을 때는 반포 푸르지오 써밋과 반포 래미안 아이파크는 59형에 서초구가 아닌 서울시 거주자, 즉 2순위 만점도 가능성이 있어 보였다.

SH 행복주택은 서울시 수도권 거주자에게 일반공급 1순위를 주어서 추첨으로 당첨자를 가렸고, 우선 공급의 경우 표와 같이 가점제를 실시했다. 2018년 3월 행복주택은 재건축 재개발 매입형을 장기전세가 아닌 행복주택으로 돌린 첫 공고였는데, 강남권 장기전세가 5~6억의 보증금과 소득 제한이 맞물려 계속 미달이 나고 공가로 방치되는 것이 논란이 되었기에, 보증금을 그것보다 낮추고 월세를 세게 내는 행복주택 형태가 공급자와 사용자 입장에서도 좋은 선택이었다고 본다. 그러나 일반공급 30%, 우선공급 70%로 진행했다가 여론의 뭇매를 맞았었다. 재건축 등의 물량이 앞으로도 강남, 서초 등에 몰려 있는데, 거주지 우선공급으로 강남, 서초 등지의 거주자들에게만 너무 큰 수혜인 게 아니냐는 논란이 있었다. 그때, 행복주택이 있는 단지 내 일반 거주민들이 그래도 같은 자치구에서 오는 사람들에 대해 거부감이 덜해서 그렇게 했다, 라는 기사를 읽은 것 같은데 TOO MUCH 배려인 것 같다.

　　한쪽에서는 왜 다른 자치구 사람들이 거기 가서 살 기회를 막아야 하느냐는 논란도 있었지만, 역으로 생각하면 행복주택이 있는 단지 내 일반 거주민들이 다양한 사람들과 어울려 살며 갖게 될 성장의 기회를 뺏겠다는 이야기가 될 수도 있다. 우리는 어렸을 때부터, 어울려 사는 것이 아름다운 세상이라고 수없이 듣고 자랐다.

대학생 때 나는 인도네시아 정부 초청장학생으로 예술 문화 교류 프로그램에 참여한 적이 있다. 그 기간 중에 25개국의 청년 대표들과 함께 대통령 궁에서 치러진 언론 행사에 참여했었다. 그때, 대한민국을 대표하는 대학생이 된 것에 정말 가슴이 뛰고 자랑스러웠다. 여러 나라의 친구들과 손을 잡고 준비한 공연을 하면서, 가슴이 뭉클했다. 모두 너무나 다르지만, 하나가 된다는 것은 이런 걸까 싶었다.

외국에서 다른 문화를 가진 여러 나라 사람들과 어울린 것은 멋지고 의미있는 경험이고, 경제적 수준이 다른 동네에서 같은 나라 사람끼리 어울리는 것은 기피해야 할 경험일까? 사람을 존중하는 마음이 있다면 문화와 생각이 전혀 다른 외국인 친구들을 갖는 것이나 살아온 배경이 다른 한국인 친구를 갖는 것이나 다른 일이 아니라고 생각한다.

나는 하루라도 가만히 있으면 그 시간이 아깝다는 생각에 다양한 곳에서 다양한 경험을 하고 다녔다. 정말, 다양한 사람들을 만나서 그들을 이해해 보려고 할 때마다 내 그릇이 작다는 현실을 마주했었기 때문에, 계속 내 편견을 깨고 최대한 넓게 어울려보려고 몸부림을 쳤다. 누가 "네 인생에서 추구하는 바가 한 마디로 뭐야"라는 질문을 한다면 내 대답은 다음과 같다.

"깨끗한 통로가 되는 것."

즉, 내가 갖게 된 것이 크든 작든 나에게서 멈춰서 축적되기 시작하면 그 가치를 잃게 되므로 그것들이 나를 거쳐 필요한 누군가에로 흘러 가길 바란다. 그러기 위해서는 나랑 연결된 사람들과 연결될 사람들에 대한 편견이 없는 깨끗한 상태가 선행 필수조건이었다. 멋있는 척 이런 말을 하고 있지만, 없애고 또 없애도 내 마음 어딘가에 숨겨져 있는 편견을 볼 때마다 나조차도 놀라곤 한다.

우리 아빠는 내가 강남에 있는 행복주택을 고려하고 있다고 하자, 이번에는 진짜 바람 든 철없는 딸로 낙인 찍을 기세였다. 사실 아빠가 갖고 있는 또 다른 편견도 이해한다. 하지만 나에게는 강남에 사는 사람들도 내가 살면서 만나게 될 또 다른 '다른' 사람들의 한 부류였을 뿐이다.

그렇게 가족에게도 내 의사를 전달하고, 본격적으로 어떤 평형에 신청할 건지 고민하기 시작했다. 방 3개짜리 59형에 넣을까 하다가 보증금 차이가 5천 이상 났기에, 대출금을 크게 늘리고 싶지 않기도 해서 49형에 지원하기로 결정했다. 친구들은 어떻게 49형에 아이 둘과 살 수 있느냐고 그냥 마곡 59형에 있자고 이야기하기도 했지만, 살아보니 방 3개를 그렇게 열망해서 이사까지 왔는데, 방이 3개여도 2개만 쓰고 있었다. 아직 우리 아이들이 어려서 그렇겠지만, 자신의 방을 필요로 하는 초등학교 고학년까지는 방 2개도 호화스러운 것이구나 하는 생각이 들었다.

그리고 내가 잘하는 것이 있지 않은가! 버리는 것! 나는 작은 집도 효율적인 공간으로 살려낼 자신이 있기에 주저없이 49형으로 선택했다. 반포 푸르지오 써밋과 반포 래미안 아이파크 49형은 가격 차이도 미미했고, 입지도 거의 동일했기 때문에 마지막 선택은 평면도가 더 끌리는 쪽으로 선택했다. 신청 마감일 저녁, 나는 경쟁률 공지를 기다리고 있었다.

SH 공사보다 기자들이 더 빠르게 정보를 흘리는 점을 착안해서 네이버에서 행복주택 경쟁률을 무한 반복으로 눌렀다. 오! 드디어 검색됐다. 강남 금수저 로또 임대 경쟁률. 대략적인 경쟁율이었지만, 역시 서초 선포레와 로이파크가 탑을 찍었고, 반포 두 곳은 3대 1 정도로 나왔다. 그다음 날 정식 공지를 보니 내가 지원한 곳은 1.5대 1에도 도달하지 못한 수치를 보였다.

아, 이거 얼떨결에 당첨되겠는걸.

사실, 마곡에서 내가 준비했던 다음 이사는 분양주택 당첨으로 나가는 졸업 퇴거였는데, 다른 유형의 임대주택이라는 상황은 생각해보지 않은 시나리오였다. 보증금은 마곡과 반포가 같았지만, 달라지는 점은 집이 49형으로 줄고 월세를 50만원 내야 하는 것이다.

여러분이라면 어떨 것 같은가?

일단 경쟁률을 보고, 친구들에게 당첨될 것 같다고 보고를 했다. 그때부터 친구들은 혹시나 내가 이사를 갈까봐 같이 걱정해 주었다. ^^ 반포에 한 다리를 걸쳐놓고, 나는 계속 구로구 항동 분양주택에 지원하는 것을 고민했다. 왜냐하면 내가 정말 미친 결정력으로 집을 산다고 하더라도 내가 감당할 수 있는 맥시멈은 4억이었다. 그것마저도 가랑이가 찢어지는 재정 상황을 감수해야 가능한 것이었다. 맞벌이는 필수고 말이다.

구로구 항동 공공분양 주택 59형이 4억 언더로 소문이 돌았으니, 정말 인생 마지막 기회일 것 같았다. 마곡 9단지 59형을 기다리면 혹시 될 수도 있겠지만, 가격이 6억 가까이 된다면 닭 쫓던 개 지붕 쳐다보는 격이 될 것 같았다.

게다가 항동택지개발지구는 우리 아이가 초등학교에 입학하는 2019년 3월에 개교할 예정이었다. 입학과 동시에 개교하니 전학을 걱정할 필요는 없을 것이다. 정말 환상적인 매칭이라고 생각했다. 항동지구는 정말 신청 1분 전까지도 고민을 거듭했던 곳이다. 항동지구 공공분양 신혼 특별공급에 당첨이 된다면, 그 후에 발표가 나는 반포 행복주택은 아마 청약통장 실효로 부적격이 되지 않을까

라는 생각이 들자, 청약을 살려서 반포에 가고 싶은 마음도 조금은 들었다.

그러나 주변에서는 백이면 백, 절간이어도 내 집이 낫다고 이야기를 하셨다.

아, 정말 고민은 깊어만 가고 유독 길었던 행복주택 발표도 이제 근 한 달 반 정도 앞으로 다가오고 있었다. 8월 10일이 마지막 신혼일인데, 그 안에 결판을 봐야 했다!

항동을 제외한, 나머지 분양 공고들은 8억, 9억이라 무슨 은하계 이름도 아니고 전혀 근접 불가했기에, 항동에 대한 애착이 더 컸던 것 같다. 항동 푸른수목원에 3번 이상 임장 가서 지어지고 있는 단지들을 바라보며 동별로 일조량을 파악하고 지하철역과의 거리 등 도보 시간도 파악을 마쳤다. 벌써 항동이 내 집이 된 것 같은 느낌이었다.

그러나 지금 나는 반포의 49형 행복주택 거실에서 새벽 4시부터 이 글을 쓰고 있다. 도대체 무슨 일이 있었던 것일까?

오, 당첨!
민간분양
신촌 힐스테이트 42형

이미 나는 지난 경험들을 토대로, 분양에 당첨되는 것은 신혼부부 특별공급일 때가 가장 가능성이 높다는 것을 알고 있었다. 그리고 이미 신혼 3년이 지나서야 그것을 깨달았을 때, 약간의 후회 아닌 자책이 있기도 했었다.

신혼 3년이라, 내가 결혼할 때는 신혼 3년 이내 2자녀면 서울 어디든 당첨이 가능한 분위기였는데, 남편의 수입이 한 달에 백만 원 미만이었던 우리가 분양을 꿈꿔보았을 리 만무했다.

그런데 그 신혼기간이 7년으로 바뀌면서 우리에게 다시 100일 정도의 신혼이 주어졌다. 그래서 그 100일 안에 예고된 분양은 모조리 찾아보았다. 보라매 이편한세상 2차, 목동 래미안 아델리체, 고덕 자이, 구로구 항동 공공 분양, 그리고 신촌 힐스테이트까지.

보라매는 시댁 옆이었고 아델리체는 친정 옆이어서 아이들을 맡기고 맞벌이 뛰자는 생각에 고려했었다. 보라매는 신혼 7년 개정 전이었으나, 큰 인기 지역은 아니라서 일반으로 넣어볼까 했지만, 그러면 비인기 평형인 84형을 써야 그나마 가능성이 있는데, 6억이 넘어서 패스했다. 래미안 아델리체는 59형이 6억이 넘어서 마찬가지로 강제 패스였고, 사실 그 중에 고덕 자이가 상당히 기다려지긴 했다. 방 2개짜리 49형과 51형이 5억 언더로 나오지 않을까 내심 기대했기 때문이다. 웬걸, 49형 저층 하나 빼고는 모두 5억 이상으로 나온 걸 보니 역시 브랜드 아파트였다.

사실 다른 곳에 비해 5억이 싸게 느껴지는 것이지 5억이 웬 말인가. 시한부로 주어진 시간은 줄어드는데, 저 돈에 덤빌 깡따구는 없고 청약통장을 던지지도 못하고 쥐고만 있었다. 나의 가장 큰 관심사는 사실 앞서 이야기했던 59형이 3억 6천에 나온다는 구로구 항동 3단지 공공분양이었다.

공공분양 신혼특별공급은 7년 이내 자녀 숫자로 뽑지 않고, 청약통장, 자녀, 서울시 거주, 소득 등으로 점수를 만들어서 가점제로 뽑았기 때문에 우리는 13점 만점에 10점이었다. (민간분양은 자녀의 숫자로 당첨자를 가린다.) 제도 변경 후 첫 시행이었기 때문에, 10점이 안정권인지 아닌지는 전혀 감이 안 왔으나, 내 생각에는 7년으로 변경되면서 선택지가 늘어난 고득점자들이 마곡 9단지를 기다리기로 전향했거나, 조금 더 입지가 좋은 항동 2단지를 쓸 것으로 예측되었다. 공공은 공고가 나고 신청 발표까지 거의 두 달 가까이가 소요된다. 그러므로 항동을 위해 패스했던(사실은 맥시멈 예산을 초과해서 쓰지 못했던) 단지들에 미련을 버리고 항동 3단지 견본주택을 보러 갔다. 마곡지구 국민임대 장기전세 사시는 분들도 마곡은 가격이 넘사벽일 것을 알기에 많이들 구로구 항동에 관심을 갖긴 했다.

나는 불과 2년 전까지 구로구 항동 옆 천왕지구 국민임대 장기전세에 살던 사람이라서 동네가 익숙하고 거부감이 없었다. 항동지구가 아이 초등학교 입학 시기도 딱 맞고, 분양가도 딱 맞았다. 견본주택(공공은 후분양이기 때문에 모델하우스가 아니라 지어진 집을 보는 것을 견본주택 공개라고 한다)을 보고 온 남편은 쓰는 것이 좋겠다고 했다. 그때 신청이 6월 중순이었고 당첨 발표는 7월 12일 목요일인가 그랬다. 친정 부모님과 시부모님도 본인들의 거주지에서 그리 멀지 않으니 써보라고 격려해주셨다.

그렇게 항동이 벌써 우리 집이 된 것 같은 흐름을 보여주고 있었는데, 나는 그 프로젝트의 최종 단계에서 지원하지 않겠다는 뜻밖의 결정을 내렸다. 이유가 공감이 안 될 수도 있지만, 나의 앞으로의 살아갈 모습이 너무 뻔하게 그려졌기 때문이다.

공공분양으로 내 집을 마련한다면 좋겠지. 이제 맞벌이로 빚을 갚아야 하겠지. 시간제로 맞벌이를 하려면 광명 이케아도 나쁘지 않을 거야, 그리고 아이들은 택지개발지구답게 유해한 시설이 없는 곳에서 해맑게 자랄 것이고.

그런데! 내가 진짜 원하는 모습이 안정적인 집에서 무난히 무탈하게 오래 사는 것이 맞나? 라는 고민이 나를 찾아왔다. 스테이시, 정말 네가 원하는 게 내 집 마련, 그게 다였어? 그럼, 공공분양에 당첨되면 '우리 집은 어디에' 프로젝트 끝낼 수 있어? 이 질문들은 곧 가시적 성과를 손으로 잡을 수 있을 것 같아서 설레던 나를 얼어버리게 만들었다.

그렇게 나는 3억 6천만 원에 구로구 항동 공공분양 인 서울 대단지 새 아파트를 살 수 있었던 기회를 패스했다. 물론 항동이 당첨됐어도, 그리고 항동에 살게 되었어도 진심으로 좋았을 것이다. 나는 항동을 선택하지 않은 것이 아니라, 모험을 선택했을 뿐이다.

이제 6월 말, 나의 시한부 100일은 금방이라도 꺼질듯 위태위태해 보였다. 그때, 마곡에 사는 친한 친구가 신촌 힐스테이트 분양을 써보려는데 전망이 어떤지 내게 물어왔다. "임대주택이야 척 하면 척이지만, 청약이야 나도 당첨되어본 적이 없는 걸, 나도 잘 모르지" 하며 친구가 의뢰한 민간분양 공고문을 정독했다.

그러다 눈이 번쩍한 부분이 있었으니, 주택 유형 42형의 분양가가 4억이었다. 4억?

친구는 7년 이내 3자녀이므로, 사실 넣기만 하면 어느 유형이든 당첨이나 마찬가지였다. 7년 이내 2자녀 만료 30일 전, 남편에게 "이거 어때"라고 톡을 보냈다. 웬일로 남편이 현장에 가보자며 차에 시동을 켰다.

모델하우스는 이미 문을 닫은 시간이라서, 이화여대로 들어가서 제일 높은 언덕까지 차를 몰았다. 공사 현장이 한눈에 보이는 명당이었다. 나는 비가 오던 그날 그 공사장을 바라보며, 지금까지 진행해온 '우리 집은 어디에' 프로젝트의 과정들을 떠올려 보았다. 나는 마곡지구와 우리가 살았던 국민임대 59F형 집을 너무나 사랑했다. 그러나 무언가가 너무 좋을 때는 그것을 떠날 준비를 시작할 때라는 것을 머리로는 알고 있었다.

돌아오는 차 안에서. 남편은 임대주택에서 30년 살고 나서 보증금이 자산의 전부가 되는 것은 아닌 것 같다며,

일단 쓰자고 했다. 나는 아니다. 차라리 청약통장을 실효시키지 말고, 반포 행복주택에 가서 인생의 다음 페이지를 설계하자. 행복주택 발표 한 달 전이었지만, 경쟁률이나 우리 점수로 보았을 때 당첨이 거의 확실시 되었기 때문이다.

"서울에서 4억이면 정말, 환상적이지 않니?"라는 생각과 "그래도 59형 살다가 42형에 어찌 사니"라는 감정이 끊임없이 나를 괴롭혔다. 하지만 나는 4인 가족은 모름지기 몇 평에는 살아야 한다는 편견에 도전해보기로 했다.

사실 신촌 힐스테이트 신혼특별공급은 42형 3개, 52형 2개가 있었고, 84형은 9억이라는 안드로메다급 가격이라서 쳐다보지도 않았다. 42형은 4억이고, 52형은 5억 근처였던 것 같다. 52형은 방이 똑같이 2개여도 복도식이 아니었으므로, 나는 52형 평면도가 마음에 들었다. 늘 그렇지만 분석은 나의 몫이고, 신청은 남편의 몫이었다. 신청이 끝나고 "어디 신청했니?"라고 보냈더니 42형이란다. 경쟁율을 보니, 3명 뽑는 42형에 115명이 신청했고, 2명 뽑는 52형에 436명이 신청했다. '아, 될까봐 걱정할 필요 없는 거였어'라며 나름 안도의 한숨을 쉬었다. 이제 나는 신혼 특별기간에 할 수 있는 만큼 다 했고 이제 떨어지면, 그 명분으로 반포 행복주택에 가면 되겠다는 역모를 꾸미고 있었다.

7월 12일 목요일 구로 항동 공공분양 3단지 당첨자 발표가 났다. 신혼특별공급 59형 커트라인은 9점인가 8점인가 그랬다. 어쨌든 10점이었던 우리가 넣었으면 당첨이 됐으리라. 부러우면 지는 거다, 라고 생각하며 하루 종일 정신 승리를 외쳤다.

그날 저녁 13일로 넘어가는 밤 12시 정각에 신촌 힐스테이트 결과가 발표 난다며, 남편은 알람을 맞추었다. "40대 1인데, 친구. 정신차리셈" 하고 말했지만, 우리는 자정에 일어나서 아파트 투유에 들어가 주민 번호를 넣고 엔터를 눌렀다. 화면이 바뀌긴 했는데, 뭐라고 써 있는 것인지 몰라서 둘이 30초 넘게 화면을 응시하고 있었다.

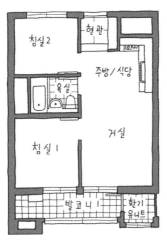

민간분양 신촌 힐스테이트 42형 19평

그러다 내가 먼저 무언가를 발견했다.

"여보, 당첨을 축하드린다는데?"

얼떨떨한 우리의 표정은 다음과 같았다.

―_―;;

우리는 그렇게 신혼 기한 7년이 되기 한 달을 남기고 처음이자 마지막으로 신청한 신혼특별공급에 당첨되었다. 자세히 보니 화면에는 동호수도 적혀 있었다. 이 기분은 뭘까? 임대주택을 지금껏 몇 번이나 당첨되어서 동호수를 받는 기쁨을 누렸지만, 이번엔 뭔가 이 기분이 뭔지 표현할 수 있는 단어를 찾는 데 실패했다.

자정이 넘은 시각이었지만, 그래도 동고동락하며 서로 가정의 앞날을 고민해주었던 마곡 유치원 패밀리방에 소식을 남겼다. 모두 자기 일처럼 기뻐해주셨다. 우리 가족과 시댁 가족에게도 아침이 오자마자 소식을 전했다. 물론, 그 돈을 어떻게 감당해갈지는 또 다른 책을 써야 할 테지만, 일단 조금이나마 효도를 한 것 같아서 기분이 좋았다.

시부모님은 우리가 자가가 아닌 것을 늘 마음에 짐처럼 가지고 계셨는데, 이제 조금은 자유로워지실까? 우리는 곧 유주택자가 될 것이다. 상당한 빚과 함께 말이다. 사실, 떨어지면 반포 가야지 하던 마음 반, 이왕 쓴 거 되면 좋겠다 하는 마음이 반이었는데, 막상 되고 나니 뭐든 당첨이라는 것은 좋은 것 같다.

그렇게 우리의 청약통장은 실효가 되었다. 그러나 아직 나의 스토리는 끝나지 않았다.

●
또, 당첨!
행복주택
in 서초구 반포동

분양에 당첨된 것은 2018년 7월 13일이었지만, 사실 계약 관련 서류가 오고, 실제 적격 판단을 받기까지는 2주 정도가 더 소요되었던 것 같다. 계약서를 받기 전까지는 혹시 이런저런 이유로 무효되는 것이 아닌가 걱정이 많이 되기도 했다. 실제 신촌 힐스테이트 모델하우스에 서류 확인차 갔을 때 부적격으로 자리를 떠나시는 분들을 3명인가 보았다. 신혼 기간을 잘못 아셨거나, 소득이 초과되었거나, 부양가족 점수를 잘못 기재하셨거나. 아, 정말 옆에서 그분들 이야기를 들으며 같이 마음이 아프기도 했다.

로또 경쟁율을 뚫고 당첨이 되더라도 부적격이 난다

면, 청약통장은 소멸되지 않지만 1년간 청약 자격이 제한된다. 그리고 혹시나 당첨이 됐는데도 자의로 계약을 하지 않을 경우, 청약통장이 없어지고 5년간 재당첨 제한을 받는다. 그러므로 분양 신청은 한번 넣어나 볼까 이런 마음으로 툭 던지는 건 절대 비추이다. 우리도 그냥 한번 써보기나 할까 그런 마음은 아니었다.

민간분양 신혼특별공급은 7년 이내 자녀수로 경쟁을 하기에 나의 판단으로는 아무리 싼 아이템이라도 방 2개를 7년 이내 3자녀가 쓸 것 같진 않았기에 42형에 직진했었다. 2자녀 추첨에서 당락이 갈릴 거라 예측했는데 아마 추첨에서 우리가 된 것 같다. 그렇게 얼떨결에 그 여름, 우리는 잠재적 유주택자의 대열에 합류했다.

중도금은 40% 대출이 된다는데, 계약금 외에도 중도금 20%는 현금으로 내야 한단다. 음, 서울 시내에서 아마 다시는 나오기 힘든 가격의 초소형 브랜드 아파트에 당첨되었지만, 아무리 멋진 가격이라고 해도 그게 절대적으로 나에게 싼 가격은 아니었다.

해맑은 표정의 남편은 일단 지르면 어떻게든 된다며 초긍정적인 태도였지만, 역시 수습하고 머리를 싸매고 시나리오와 스텝을 짜는 건 나의 몫이었다.

물론 청약통장이 실효가 되었으니, 고! 하는 수밖에 없다. 게다가 분양 특별공급은 민간과 공공 합쳐서 인생에

단 한 번밖에 쓰지 못하는 것이다. 정말 이제 난 혜택이랄까, 기회랄까, 내가 손에 든 패는 다 쓴 것이다.

한편으로는 청약통장이 실효되어서 반포 행복주택은 자동 탈락인지에 대한 의구심이 들었다. 남편은 분양에 당첨됐으니, 마곡 국민임대에서 2년 더 살고 이사 가면 딱이라며 내 탐험심의 불을 끄고 싶어 했다. 하지만 나는 무언가를 정확히 규명하고 가는 것을 선호한다. 계획 세우는 걸 좋아하는 사람들의 특징이다.

그래서 SH 공사에 전화를 걸었다.

"저희가 3월 30일 행복주택 공고에서 2순위 6점으로 서류 대상자가 되었습니다. 분양 당첨으로 청약통장이 실효가 되었는데, 바로 탈락인가요? 아니면 청약통장으로 받은 점수 3점을 차감하고 2순위 3점으로 경쟁을 이어가면 되나요?"

답변은 내 생각보다 긍정적인 소식이었다. "모든 점수는 공고일 기준으로 계산이 되셔서"라고 답변하시며 2순위 6점으로 경쟁을 이어 간다고 확인해 주셨다.

사실 국민임대주택이나 장기전세주택 같은 경우 59형 이상일 때, 청약 24회 자격이 상실되면 바로 탈락이 된다. 그렇지만, 자격이 아닌 가점의 경우는 공고일 기준으로 산정하는 것을 원칙으로 한다는 것을 다시 한 번 배웠다.

일단 행복주택 최종 커트라인은 2순위 3점 이하였기에 우리가 청약통장 점수를 혹시 제하고 갔더라도, 당첨권이긴 했다. 사실 그때 나는 2순위 3점으로도 당첨이 가능하다는 확신 아래 SH에 점수를 제하고라도 경쟁을 하겠다고 전화를 했던 것이었다.

그렇게 분양권을 갖고 있는 상태에서 행복주택 당첨자 명단에 이름을 올렸다. 임대주택에 거주하는 중에 분양에 당첨되더라도 실제 등기를 치기 전까지는 임대주택에 거주할 수 있다. 보통 민간분양의 경우 당첨부터 입주까지 2년이 소요되고 공공분양은 1년 정도가 소요된다. 그렇지만 올해 제도가 개정되면서 분양권 및 입주권이 있는 상태에서 임대주택에 당첨이 되는 것에 제한사항이 생겼다.

사실 신혼 7년으로 바뀐 첫 임대주택 공고여서 행복주택을 신청해 본 것도 있지만, 국민임대 주택에 계속 거주하는 것의 단점을 보완해줄 수 있는 선택이었기에 진지하게 생각하고 도전했다. 일단 행복주택은 국민임대 주택과 총자산 제한은 동일하지만(2019년 기준 2.8억), 일단 입주하고 나면 월소득으로 인한 퇴거가 없다! 이 부분은 임대주택 이용자들의 가장 큰 고민이었다고 해도 과언이 아니다.

영구임대, 재개발임대, 국민임대의 퇴거 월소득 기준보다 장기전세가 조금 더 높긴 하지만, 어쨌든 돈을 벌면 나가야 한다. 그런 면에서 이러지도 저러지도 못 하기도 한다. 일을 하자니 소득 초과로 인한 할증이나 월세 발생 혹은 퇴거까지 이를 것 같고, 그렇다고 기준에 맞춰서 벌자니 자산이 계속 그 자리라서 더 뒤로 밀리는 것 같기 때문이다.

그런 점이 조금은 보완된 것이 행복주택인데, 입주 때 소득만 맞으면 그 후 월 천만 원을 벌어도 최대 할증으로 재계약이 가능하다. 최대 자산 제한은 있으니 마찬가지가 아니냐 할 수 있지만, 아무리 월소득이 높아도 그냥 평범한 사람들이 그만큼의 자산 제한에 걸리기까지 모으기는 쉽지 않을 것이다.

다만, 우려가 되는 것은 월소득이 높아져도 퇴거를 안 당한다면, 자산을 현금으로 빼놓거나 다른 가족의 이름으로 보관하는 분들도 나올 수 있을 것 같다. 그래서 나는 좋은 제도가 나오는 것만큼 중요한 것이 임대주택 이용자들의 태도라고 이미 말한 적이 있다. 나도 국민임대에서 재계약을 위해 딱 할증이 안 되는 선까지만 돈을 벌었다. 그것도 엄청 계산을 굴려야 했다.

그런 계산으로 시간제 일자리를 찾다 보니 지쳐서, 임대주택일지라도 월소득 제한이 없는 행복주택이 혹시 대안이 될 수 있는지 고려했던 것이다. 30년 국민임대를 두고 10년 행복주택으로 가는 것은 미친 짓이지 않나 하고 나와 주변인들 모두 같이 고민해주었지만, 내 결론은 이렇게 소득 제한으로 스트레스 받다가는 어차피 30년까지 못 산다는 것이었다.

이미 신촌 힐스테이트 당첨을 받고 난 뒤이긴 했지만, 다가오는 겨울에 예정되어 있던 마곡 국민임대 재계약 심사에서 기준 소득을 1만원 초과했다는 연락이 왔다. 아, 내가 얼마나 노력해서 월소득 409만 원(2018년 국민임대 재계약 기준 소득) 언더에 맞는 시간제 일자리를 찾아서 일하고 있었는데, 그럼에도 불구하고 초과란다. 음, 1만 원 초과가 할증으로 이어진 것은 아니지만, 새삼스럽게 이렇게 사랑스러운 마곡 59F형 집에 30년을 살 수 없다는 내 가설이 맞았다는 생각이 들었다.

재계약 기준 소득 초과 안내문을 받는 것이 그렇게 두려웠는데, 먼저 퇴거를 결정하고 나서 막상 그 녀석을 마주하니 조금은 내가 열심히 살았다는 뜻일까 라는 웃긴 생각이 들어서 기분이 정말 묘했다. 그래 봤자 1만 원 초과해서 번 것인데도 말이다. 아직 임대주택 퇴거까지는 기간이 조금 남아 있지만, 그 안내문은 내게 임대주택 졸업장이었다고 생각한다.

물론 마곡 국민임대에서 돈을 올리지 않고 2년을 더 살고 깔끔하게 신촌으로 가는 방법이 정도였다. 그리고 그 신촌의 중도금 현금 20%는 그것을 내야 하는 시점에 마곡 국민임대를 월세로 돌리면 나온다는 사실도 다시 깨달았다.

신촌 힐스테이트는 중도금 이자 후불제이므로, 앞으로 1년 반 가까이는 현금으로 낼 것이 없었고 그냥 안정적으로 살면 되는 것이었다. 게다가 이제 마곡 국민임대도 할증 없이 재계약 허가가 나왔고, 다시 2년 뒤는 재계약도 하지 않을 것이니 돈을 마음껏 벌어도 되는, 그야말로 국민임대를 만끽할 수 있는 시기가 도래한 것이었다. 그래, 정말 남편 말대로 이제 소득 초과에 쫓기는 것도 아니니 행복주택으로 이사 갈 이유는 더 이상 존재하지 않았다.

신촌에 입주하기까지 앞으로 2년을 어떻게 살게 될지 그림이 눈에 선했다. 무난하고 평탄하고 안정적일 것이다. 삐오삐오! 사실 나는 안정이라는 단어에 알러지가 있는 것 같다. 그리고 안정적이라고 생각되는 것도 안정적으로 보일 뿐이지, 실제 무언가로부터 영향을 받지 않을 정도로 안전한가는 다른 문제이다. 안정감말고도 의미 있게 추구할 것이 많지 않은가? 우리가 내 집 마련, '우리 집은 어디에'를 외칠 때 정말 원하는 것은 대출 30년도 좋으니 이제 정착이다! 이것인가? 아니면 과거보다 더 나아진 경제적, 사회적 상황인가? 나는 그렇게 생각한다. 내가 경제적, 사회적 상황이 나아진다면, 아마 같은 집에 쭉~ 사는 것도 쉽지 않을 것이다.

그냥 나는 새로운 것에 도전하는 것을 좋아한다. 도전은 내 그릇을 넓혀주며, 더 많은 사람을 이해할 수 있게 돕기 때문이다. 누군가에게 조금이나마 도움을 줄 수 있다면, 아니 그건 너무 거창하니까 누군가에게 따뜻함을 전할 수 있다면 나는 그게 행복하다.

이렇게 시한부 행복주택 스테이를 결심했다. 그러나, 2년 뒤 내가 과연 신촌 힐스테이트에 살고 있을까? 그건 아직 나도 모르겠다.

SH 임대주택 퇴거 신청 및
다음 집 계약금 마련!

오늘은 2주 뒤로 다가온 행복주택 이사를 앞두고 마곡 국
민임대주택 퇴거 신청을 하러 SH 권역별센터를 방문했다.
SH 본사에서 돈을 지역별 센터로 보내줘서 내주는 거라
서 늦어도 2주 전까지는 신청해야 한다고 한다. 퇴거라는
말은 언제 들어도 여러 모로 심장이 두근거리는 단어인
것 같다. 벌써 몇 번째 퇴거 신청인데도 서류를 깜빡하는
바람에 결국 오늘 못했다.

　　2년 전 천왕 장기전세주택 퇴거 때도 내가 했었는데 할
때마다 새롭다. 계약자 본인이 아닌 배우자가 갈 때는 위임
장과 본인 발급용 인감, 계약자 신분증을 가져와야 하는

거란다. 퇴거뿐 아니라, 계약, 재계약 그리고 보증금전환신청도 그러하다. 개인적으로 장기전세보다 국민임대와 행복주택 등 보증금과 전월세가 호환되는 제도를 선호하는데 그 이유는 다음과 같다.

언젠가 어디로든 이사를 가기 위해서는 다음 집의 유형이 무엇이든 간에 계약금이 필요하다. 그리고 아시다시피 시중 은행에서는 계약금 대출을 해주지 않는다. 아무리 전세자금대출이라도 최종 금액의 5% 이상 납입 영수증이 있어야 대출이 진행된다. 즉 그게 얼마든 현금으로 가지고 있어야 다음 이사를 시도할 수 있다는 것인데 장기전세는 보증금이 다 묶여 있어서 쓸 수가 없다. 현 보증금에 대출이 없다면 전세보증금담보대출을 해도 되지만 보통 우리가 계약금이 필요한 시기에 맞춰서 빨리 나오지 않을 뿐더러 계약기간이 1년 이상 남아 있어야 하는 등 복잡하게 생각해야 할 것이 많다.

그러나 국민임대나 행복주택 같이 월세를 내는 유형의 임대주택은 보증금을 빼서 낮추고 월세를 올리는 변경 신청이 1년에 한 번 가능하다. 즉 내가 다음 집 계약금을 내기 위해 목돈을 꺼내 쓰고 보증금이 내려간 만큼 월세로 내면 된다. 월세를 내는 것이 단점이 될 수도 있지만 이런 장점도 있다.

실제로 나는 국민임대 49형에서 장기전세 59형으로

갈 때 이 방법을 이용했다. 장기전세 59형에서 국민임대 59형으로 올 때는 이게 안 되서 몇 달이지만 신용대출을 받았던 슬픈 기억이 있다. 현재 국민임대에서 행복주택으로 갈 때는 국민임대 보증금을 빼서 행복주택 계약을 마쳤다. 내가 현재 거주하는 국민임대에 들어올 때는 전세 전환이 되는 마지막 차수여서 우리는 월세를 내지 않고 살고 있었는데, 계약금을 위해 보증금을 미리 돌려받았기에 이제 이사 전까지 월세를 낸다. 그러므로 목돈을 뺄 수 있다고 해도 꼭 필요한 게 아니면 하지 않는 것이 좋다. 전세 전환으로 살고 있는 경우 한 번 빼면 절대 전세로 다시 전환이 안 되고 다시 목돈이 생겨서 넣으려고 해도 1년은 변경이 안 된다. 그리고 월세 전환 이자가 센 편이다. SH의 경우 전환율이 6.7%로 알고 있다.

SH 도시주택공사는 현재 임대주택의 계약금을 20%씩 받고 있다 그러므로 계약금 준비가 어느 유형에서든 쉽지 않다. 꼭 SH로의 이사가 아니더라도 월세형 임대주택에 살다가 민간분양에 당첨되어서 2~3주 안에 계약금을 내야 하는 경우도 이런 방법으로 풀어가면 일단 한 발 내딛을 수 있는 발판이 될 것이다.

퇴거를 앞둔 이곳에서의 소중한 하루가 또 이렇게 마무리되어 간다.

하나도 안 힘든 청소, 입주 청소

"청소하자"는 말은 보통 그리 유쾌한 말은 아닐 것이다. 아이나 어른이나 청소는 할 수 없이 해치워야 하는 의무 영역 어딘가에 해당하는 것이다. 사실 나는 청소를 좋아한다. 특히 청소의 과정 중에서도 버리는 행위에 희열을 느낀다.

살다보면 인생이 핸드폰이나 컴퓨터에 '저장공간이 부족합니다'라는 메세지가 뜰 때처럼 무언가 꾸겨 넣어지는 것 같은 느낌을 받을 때가 있다. 여유 공간이 있어야 컴퓨터도 핸드폰도 속도가 빨라지는 것처럼, 나는 가벼운 상태를 유지하는 것을 선호한다. 꼭 나같은 청소 예찬론자가 아니라도, 사람들이 청소에 대해 설레일 수 있는 유일한 때가 있으니, 바로 입주 청소가 아닐까.

입주 청소는 늘 새 아파트에 들어갈 때만 쓰는 단어가 아니라, 누군가 살던 집에 내가 들어갈 때 하는 청소도 포함된다. 사실 새 아파트의 경우 시공사에서 준공 입주 청소라고 해서 간단히 해주는 곳도 있지만, 사람이 바로 들어가서 이불 펼 수 있을 정도는 아닌 것이 사실이다.

그리하여, 나는 몇 번의 입주 청소를 거쳐야 했는데, 그 기분은 참, 뭐랄까. 상견례 같다고 해야 하나, 소개팅 같다고 해야 하나. 앞으로 나와 많은 시간을 보낼 대상과의 첫 만남이고 그를 꼼꼼히 알아갈 수 있는 기회였기 때문이다. 아무도 살지 않던 새 집에 내가 처음으로 들어가면서 청소를 한 경우는 조금 더 특별한 느낌이 든다. 첫 아기가 태어난 뒤 첫 목욕을 시켜준 기분이랄까.

사실 입주 청소업체는 평당 만 원 정도의 비용을 받고, 줄눈 혹은 실리콘 시공을 추가하면 금방 50만 원의 비용이 든다. 진짜 내 집처럼 해주시는 분들도 있을 거라 믿고 싶지만, 나의 지난 몇 번의 경험은 그렇지 않았다.

어떤 업체는 하루에 같은 단지 두 집에 예약이 있다면서 오전에 대충하고 점심 때 가셨고, 또 다른 업체는 청소 시작 전 문에 붙어 있던 스티커 자국이 끝났다고 하신 후에도 남아 있었다. 그래서 나에게 입주 청소업체는 대충하는 분들이라는 이미지를 갖게 했다. 참 슬프다. 광고에 늘 나오는 내가 살 집처럼 이라는 말이 유독 참 오글거린다. 그리하여 이번에 새로 지은 행복주택 아파트에 입주할 때는 공사 먼지가 많아서 난이도가 높더라도 직접 청소하기로 결정했다.

인터넷에서 청소 도구를 샀다. 준비물은 벽과 천장에 묻은 공사 먼지를 털어낼 정전기포, 바닥과 구조물을 닦아낼 청소용 물티슈. 그리고 정전기포와 물티슈를 낄 수 있는 청소 막대 2개, 매직블럭과 꼭 필요한 사다리였다. 사다리나 의자는 청소에 참여하는 인원 수만큼 준비했다.

나와 남편, 내 동생 남편, 그리고 시어머니까지! 보통 입주 청소업체가 그러하듯 4명이 한 팀을 이뤄 청소를 시작했다. 사실, 입주 청소는 스스로 하지만 새집증후군 반딧불이는 예약을 했다. 첫째 아이가 피부가 예민한 편이기 때문이었다. 첫째가 주로 사용할 작은 방 하나는 내가 담당해서 벽에 혹시 남아 있을지 모를 공사 먼지를 없애기 위해 정전기포를 연신 쓸어내렸다. 큰 아이의 얼굴을 떠올리면 그 아이가 피부 문제로 고통받는 것을 엄마로서 보고 있기가 힘들었다. 작은 방 하나를 청소하는 데 한 시간이 넘게 걸렸는데, 남자 두 명은 둘레둘레 하더니 벌써 다

마쳤단다. 이 친구들 보게.

 SH와 하는 집 계약에는 많은 장점이 있지만, 내가 사랑하는 것 중 하나가 이것이다. 그게 새 집이든 누군가 이사를 나간 집이든 빈집으로 이사를 가기 때문에 계약을 한 이후에는 수시로 방문할 수 있다는 점이다. 들어가서 하자를 점검하고 하자 보수 요청을 하는 것도 가능하고, 가구 배치나 구입을 위해 치수를 재는 것도 가능하다. 무엇을 버려야 할지 가져가야 할지 판단이 되기 때문에 이사 준비가 수월해진다. 그리고 내가 관리비를 내겠다고 약속한 날부터는 잔금을 내지 않아도 사전 청소가 가능하다. 내가 위임장을 써주면, 새집증후군 혹은 청소 줄눈 실리콘 업체가 들어와서 미리 시공할 수도 있다. 그러나 안 되는 것 하나가 있다. 미리 짐을 두고 보관할 수는 없다. 새 집에 입주하는 임대주택은 향후 1년 정도는 시공사가 단지에 머물며, 하자 보수 등을 해주고 있고, 기존 임대주택의 경우에는 각 관할 지역센터에 하자 보수에 관해 연락을 취하면 된다.

 청소를 하고 보니 화장실 타일 한 장을 빼놓고 시공했더랬다. 와우. 화낼 필요 없다. 관리사무소에 가서 처음부터 그랬다는 기록을 남기고 시정을 신청하고 기다리면 된다. 이건 퇴거할 때 내게 책임을 묻지 말라는 절차이다.

그렇게 새 아파트 입주 청소를 마치자, 이제 진짜 여기가 내 집이 된 것 같다. 입주 청소, 언제 들어도 참 설레이는 단어 같다. 언젠가는 또 할 일이 있을 거라 믿는다.

국공립 어린이집, 유치원과
임대주택의 상관관계

어제는 그 날이었다. 이사 갈 아파트에 국공립 신규 어린이집 신청이 시작되는 날. 보통 신청 기간은 일주일이 공지되지만 의미가 없다. 10시에 사이트가 오픈되면 그 순간 들어가야 하기 때문이다. 점수가 같은 경우 먼저 신청한 사람 순으로 선발이 된다. 이 날을 얼마나 신경 쓰고 있었는지 달력에 큰 별표 3개, 핸드폰 알람 2개도 모자라서 냉장고에 크게 써서 붙여 놓았다. 남편님에게 각인시키려면 이렇게 해야 한다.

나는 컴퓨터 앞에 앉아 있는 직장이 아니기 때문에 남편에게 이 중대 업무를 맡겨야 했는데, 하필 어제 외근이 잡혔단다. 사수에게 아쉬운 소리해가며, 외근을 10시 반에 나가기로 했단다.

사람들은 나에게 이사 자주 다니면 힘들지 않으냐고 묻는데, 집은 SH에서 구해주고, 이사는 이삿짐센터에서 해주니 힘들 것이 없다. 돈이 지출되는 면이 있지만, 새로운 곳에서 경험하게 될 것을 사는 기회비용이라고 생각한다. 결국 나에게는 이사와 더불어 진행해야 하는 아이들의 교육기관 세팅 프로젝트가 진짜 하드코어한 일이라고 해도 과언이 아니다.

사실 천왕 국민임대 49형에서 같은 단지 내 장기전세 59형으로의 이동은 아이들이 그 단지 내 국공립 어린이집을 같이 다니고 있었다는 이유가 가장 컸다. 다른 단지 혹은 지역을 선택하면 더 빨리 될 수도 있었지만, 두 아이가 같이 국공립 어린이집을 다니고 있다는 장점을 쉽게 내려놓고 이사를 선택할 부모는 많지 않을 것이다. 그만큼 국공립 어린이집에 입학하는 것이 쉽지 않기 때문이다. 적어도 임대주택이 포함된 단지 내 국공립은 더더욱 그러하다.

상황은 의외로 간단하다. 임대주택 유형에 따라 다르지만, 최근 10년 정도의 추이를 보았을 때, 많은 신규 임대주택이 신혼부부 혹은 다자녀에게 공급되었고, 국민임대 같은 경우는 일반전형도 3자녀에게 우선권이 있기 때문에 임대주택이 포함된 단지에는 아이들이 많아지게 된 것이다. 이 상황의 이해를 돕기 위해 간략하게 임대주택의 유형을 설명하겠다.

임대주택에는 국가가 소유한 땅에 직접 집을 지어서 빌려주는 건설형 임대주택이 있고, 재건축 재개발 등의 허가를 인센티브와 함께 내주면서 매입하는 매입형 임대주택이 있다. 우리가 알고 있는 택지개발 지구(위례지구, 세곡지구, 내곡지구, 우면지구, 강일지구, 마곡지구, 천왕지구, 신정지구, 은평지구, 장지지구 등)가 건설형이고 강서 힐스테이트, 목동 센트럴 푸르지오, 이런 아파트에 공급되는 임대주택은 매입형인 것이다.

사실 택지개발지구는 아파트 몇 개 단지를 동시에 개발해서 사람들을 살게 하는 것이기 때문에 적어도 유치원 초등학교는 새로 계획을 해서 지어주는 편이었다. 그래서 택지개발지구 같은 경우, 지구당 하나씩 공립 단설 유치원이 들어가 있다. 아직 실감이 안 나는 예비 부모들도 있겠지만, 공립 단설은 모두가 바라는 꿈이라고 말해도 과언이 아니다.

내가 사는 지역은 5세를 20명 뽑는데 지난해에 1,000명이 지원했다고 한다. 우리 둘째가 예비 94번이었는데, 빠른 번호라는 생각이 들 정도였다. 그래도 택지개발지구는 단지마다 국공립 어린이집을 하나씩 설치해주고 공립 단설도 하나씩 넣어주며 병설 유치원도 적극 설치해주는 편이다. 그럼에도 거주하는 아이가 많아서 경쟁이 심한 것이 사실이다.

그렇지만, 기회는 존재한다. 모든 곳은 처음 오픈할 때가 기회다. 오픈할 때 못 들어가면 그 다음부터는 해가 바뀌어야 추가 인원이 들어갈 수 있는데, 보통 2명, 3명 이런 식이기 때문이다. 아까 우리 동네에 있는 그 유치원도 처음 오픈한 해에는 2대 1이었다고 한다. 아직 입주가 개시된 지 얼마 안 되었을 때는 아무리 좋은 곳이라도 기관을 미리 선점한다는 생각을 하기는 어렵기 때문이다.

단지 내 어린이집도 오픈할 때 들어가면 3자녀가 아니어도 가능하지만, 냉정히 말해서 추가 모집은 3자녀 맞벌이가 아니면 거의 불가능에 가깝다. 점수 구조가 3자녀 맞벌이 700점, 2자녀 맞벌이 300점이라서 그렇다.

우리 첫째 같은 경우 신도림에 살 때는 도무지 기관이 없어서 전혀 보낼 생각도 하지 못했다. 그러나 택지지구 내로 이사를 가면서 오픈하는 단지 내에 2자녀 신청을 했고, 3자녀 들어가고 남은 5자리로 3대 1로 추첨할 기회라도 얻었다. 그때 추첨에 오라는 연락을 받았을 때는 당일까지 심장이 터지는 줄 알았다. 남편이 가서 공을 뽑았는데 당첨됐다! 오픈 특수를 제대로 누린 셈이다. 그 뒤로 둘째는 형제자매 재원 점수 50점을 추가로 받은 덕분에 같은 국공립에 들어갈 수 있었다.

즉, 어린이집을 보내기 너무 힘든 곳에 살고 있다면 임대주택을 준비할 때 택지지구의 상황을 고려해서 준비하실 수도 있다. 한 가지 팁을 드리자면, 택지지구는 형성되었을 때가 어린이가 가장 많다. 이미 입주가 시작된 지 7년 이상 된 단지들은 아이들이 많이 커서 초등생이 많고 어린이집 숨통이 트인다고들 한다.

어제 신청은 이사 갈 단지 내에 오픈하는 정원 85명의 어린이집이었고, 우리 둘째 나이의 신청자가 미달인 걸 보니 이번에는 기관 세팅에 어려움은 없을 것 같다. 이번에 내가 이사를 가는 곳은 매입형 행복주택인데, 오픈 특수라는 이유도 있지만 지역 자체가 국공립이 원체 많은 동네이고 다른 국공립 좋은 곳들도 5, 6, 7세는 정원이 안 채워진 곳들도 많이 있었다. 아마 5세부터 사교육 쪽으로 발길을 돌리는 분위기가 있어서 그럴 것이다. 이렇듯 단지 내 어린이집에 들어가는 것도 중요하지만, 어느 지역이 아이가 많고 어떤 연령층이 존재하고 어떤 분위기이고 이런 것들도 임대주택을 준비하는 분들에게 고려 대상이 될 수 있다.

사실 몇 년 전, 매입형 임대 주택이 포함된 단지에서 장기전세 입주민들의 자녀가 많아서 단지 내 어린이집이 포화 상태가 되면서 일반 세입자인지 집 주인들인지가 컴플레인을 하는 바람에 장기전세 입주민을 차별했다가 뉴스에도 난 사건이 있었다. 참, 가슴 아픈 일이다.

앞에 썼던 것처럼 우리 아이들은 의료보험 차상위였고, 그것으로 공립 단설 유치원을 하이패스로 갈 수 있었다. 결국 시기가 불발되어서 그때는 무산되긴 했지만. 차상위, 기초생활수급자, 국가유공자는 우선순위가 있다. 즉 어려운 사람들에게 도움을 준다는 취지의 제도인데, 솔직히 나도 낡아빠진 어른으로서 드는 걱정이 왜 없었을까. 우리 아이가 차상위로 우선 입학이 가능했다는 것을 알게 된다면 친구들이 싫어하지는 않을까. 아이가 우리가 가난하다는 인식에 상처받지 않을까. 이런 걸 보면 나도 참, 못난 어른이다.

가난한 친구랑은 놀지 마라고 말하는 것은 경제적으로 여유롭지 못한 사람은 다 나쁜 사람이라는 전제가 깔린 말이다. 그러나 임대주택 혹은 복지 혜택을 열렬히 응원하지만 졸업하길 원한다고 이야기하는 나는 경제적으로 여유로운 상태에서 출발하지는 않았지만, 적어도 처음보다는 자립에 가까운 상태를 향해가고 있고, 이 모든 과정이 쉽지는 않았지만 다양하고 많은 사람을 이해할 수 있는 마음을 키워 갈 수 있어서 감사하는 마음을 갖고 있다.

국공립 어린이집에 보내고 싶은가? 공립 단설 유치원에 아이를 보내면 좋을 것 같은가? 무엇을 위해 그곳에 보내려고 하는가? 결국 좋은 친구들과 아이가 행복한 시간을 보내길 바라는 것 아닌가?

좋은 친구들을 만나는 것도 중요하지만, 아이가 행복하다고 느낄 수 있게 만드는 지점은 엄마의 몫일 수 있다. 40대 1, 50대 1의 경쟁률을 뚫고 유치원에 와서도 불평하는 사람들이 있고, 쾌적하고 멋진 어린이집에서도 힘들어하는 아이가 있다. 아이를 보면 그 부모가 보인다. 임대주택 이용자인 나 역시도, 좋은 교육 환경을 이용하고 싶은 욕심은 부끄럽지 않지만, 내 아이가 선생님을 존중하지 않거나, 다른 친구가 나만큼 소중하다는 생각을 하지 않고 막 대하는 아이라면 그건 정말 부끄러울 것 같다. 우리 아이들은 이제 다 커서 아마 어제 신청이 나의 인생 마지막 기관 신청이었을 것이다. 그러나 앞으로 예고된 젊은 신혼부부 대상의 행복주택 혹은 신혼희망타운이 공급을 늘린다면, 꼭 이런 보육 문제에도 심도 깊은 고민을 해주시길 기대한다. 세상의 모든 엄마 아빠는 한 가지밖에 생각하지 않는다. 아이들이 웃어야 우리도 웃는다.

지금은 이사를 앞둔 며칠 전 새벽이다. 어릴 적부터 아니 결혼하고 나서도 벌써 몇 번째 이사를 하는 것이면서도 아직도 이사라는 과정은 적응이 잘 되질 않는다. 아마 이사 자체가 이동이라는 뜻이므로 적응과는 물과 불의 관계일 수도 있다.

사람들은 묻는다. "이사 준비 하느라 힘드시죠?"

솔직히 말하면, 이사 준비의 80%가 넘는 부분은 버리고 또 버리는 것이다. 이사를 확정 지은 3개월 전부터 매주 재활용 날 어마어마하게 버렸는데도 아직도 버릴 것이 남아 있으니 내가 이곳에 살면서 너무 욕심을 많이 부렸나

보다.

사실 진짜 버려야 하는 것은 고정되기를 즐겨하는 내 자아이다. 익숙하고 편한 것을 마다 할 사람은 없다. 도전을 하는 사람은 안 쓰던 근육을 쓰는 것 같은 고통을 겪는다.

행복주택 당첨을 받고도 이사를 갈지 말지 시뮬레이션을 엄청 돌렸다. 당시 2.2%라는 아름다운 이율로 버팀목 대출을 썼는데, 이걸 다 갚고 다시 처음부터 대출을 시작해야 우리가 필요한 만큼 대출이 나온다고 했다. 그럼 2.5%였다. 아, 물론 이것도 나쁘지 않은 것을 알지만, 우리가 이 이자를 감당할 수 있을까 우려도 많이 되었다. 그러다가 에라~ 모르겠다! 해보자 하고 미련이 남지 않도록 2.2% 대출을 다 갚아버렸다. 그러고 나서 1.2%짜리 중소기업 청년전세자금대출을 만난 것이다. 시도하지 않고 그 자리에 가만히 있었으면 2.2%가 나에게 최선인 줄 알았을 것이라고 생각하니 아찔했다.

변화는 늘 이렇게 온다. 일단 한 발을 내딛어야 다음이 보인다. 나는 대부분의 일에 대한 플랜을 A~Z까지 만든다. 내가 예측 가능한 모든 상황을 다 시나리오에 넣는다. 그런데 한 발 내딛으면 전혀 보이지 않았던 것이 보이는 것이 도전이 아닌가 한다. 그래서 익숙함을 의도적으로 탈출해 보는 일을 계속하는 것 같다. 늘 새로운 동네로 나아갈 때는 현재 사는 이 곳, 사랑스러운 동네에 대해 진한 아쉬움이 남는다. 이곳에 이사 오기 위해 했던 준비부터 하나하나 떠올리며 음미한다. 떠나는 장소에 늘 전하고 싶은 노랫말이 있다.

"고마웠어, 니가 있어 너무도 행복했었어 미치도록"

보아가 부른 〈이별 풍경〉의 가사인데, 이사를 앞둘 때마다 생각난다.

이곳에서 아픈 순간들도 있었겠지만, 이곳은 나의 인생의 한 페이지를 함께 해준 역사의 장소다.

이곳에 이사 오던 2년 전, 나에게는 약 천만 원의 빚이 있었다. 천만 원이면 별거 아니네 난 빚이 일 억이야 하는 분들도 있겠지만, 외벌이 중소기업 가정에게 천만 원은 한 달에 5만 원씩 갚을 수 있다는 가정 하에 200달을 갚아야 하는 큰 돌덩이 같은 금액이었다. 5만 원씩 갚을 수 있는 달도 또 아예 갚지 못하는 달도 있었다. 그렇게 1년이 지났을 때 아, 이렇게는 안되겠다 싶어서 파트타임 일을 시작했다. 그렇게 시간이 지나고 나는 이곳에 이사 올 때 스스로에게 했던 약속, 다음 이사는 이 빚을 다 갚고 나서 한다는 다짐을 이루고 이제 이사를 간다.

솔직히 이 목표를 이루는 데 몇 년이 걸릴지 자신이 없었는데, 딱 2년 후 이제 또 다른 성장점을 잡고 발걸음을 내딛는다. 어제는 새로 이사 갈 동네에 마지막 사전 점검을 갔다. 오늘부터 새집증후군 반딧불이 시공을 하기 때문이다. 이사가 시작된 것이 실감 나는 시점이다.

이제 진짜 지금 내가 이 글을 쓰고 있는 장소를 떠나야한다. 다음 이사 갈 목적지에 가서 간판을 찍으며 속삭였다. 안녕, 나는 또 다른 인생의 한 페이지를 여기서 보내려고 해. 잘 부탁해.

나는 앞으로도 또 다른 이사를 할 것이고, 어디 출신 사람이라는 이름으로 그룹을 짓거나, 내 바운더리를 좁히지 않을 것이다. 여기저기 살아본 것도 나름의 경쟁력이라고 보듬어 보련다. 이사는 가난하기 때문에 다니는 것이 아니다. '우리집은 어디에'라는 질문은 인생의 마지막 순간까지 남을 질문 중에 하나임이 틀림없다.

몸은 흙에서 왔고, 영혼은 하늘에서 왔으니.

나는 어느 동네 출신이라는 것이 무슨 소용이 있을까. 나는 어디 사람이라는 스펙성 자기소개를 갖기 위해 시간을 쓰지 말자. 인생의 한 페이지, 또 한 페이지 충실히 채워보자.

또 이렇게 이사를 맞이한다.

D-3

행복주택으로
이사하는 날

이사하기 전날 밤, 남편은 잠을 못 자고 새벽에 일어나 방 안을 어슬렁거렸다. 그 친구에게는 이사가 여전히 익숙하지 않은 일이라는 것을 나도 안다. 내일 무슨 일이 일어날지 걱정되어서 그렇겠지만 나는 이 집에서 마지막 날이라는 것이 더 큰 의미로 다가온다. 소중한 기억의 조각으로 내 안에 남게 될 이 집에는 아마 다시는 들어오지 못할 것이다.

마지막은 충분히 아쉬워 해야 한다. 눈가가 촉촉해지는 일은 일상에서 흔히 일어나지 않는 특별한 기억이기에 환영하고자 한다. 용감하고 씩씩하게 신대륙을 개척하는 것 같은 마음으로 이사를 가노라 선포했지만, 아이들을 찾으러 어린이집과 유치원에 가는 마지막 발걸음에서는 그냥 "고마웠습니다, 선생님" 하고 돌아설 수만은 없어 마음을 다 쏟아내지도 못하고 선생님의 손만 꼭 잡아드리고 돌아섰다.

기존에 다니던 국공립 어린이집과 공립 단설 유치원에 들어가기 위해 얼마나 애를 쓰고 준비하고 노력했는지는 또 다른 책으로 써도 될 만큼이니, 내 마음이 이렇게 젖어드는 것은 당연했다. 이사를 최종적으로 망설이거나 결정하게 하는 것은 아이가 생기고 나서는 교육기관이 아닐까. 이사 온 곳에서도 두 아이 모두 국공립에 가게 되었으니 정말 감사할 따름이다. 이전 교육기관만큼 좋은 곳은 없을 거야, 라고 주저했다면 경험하지 못했을 길이 열렸다. 홍해 바다를 갈라지게 하고 바다의 맨땅을 밟고 건넌 이스라엘 민족의 믿음처럼 늘 믿음으로 말미암은 한 발의 시작은 큰 파장과 함께 전혀 생각지 못한 일을 선사해준다.

11월 1일 이삿날의 날이 밝았다. 아이들을 새로운 교육기관에 데려다 주는 것으로 이사가 시작되었다. 출근시간에 올림픽대로에서 막히는 한 시간을 쓰고 싶지 않아서 남편에게 이사의 지휘를 맡기고, 나는 두 아이의 손을 꼭 잡고 9호선 전철을 기다렸다. 김포공항역에서 역무원 아저씨가 다가오셨다. "아이들 데리고 급행 타시게요?" 출근시간 급행에 대해 익히 알고는 있었지만, 김포공항역은 출발지 아닌가. 아저씨는 열차가 오자 사람들에게 양해를 구하고 먼저 우리를 노약자석으로 안내해주셨다. 와. 정말 가는 내내. 우리 내릴 수 있을까 걱정이 될 정도로 많은 인파가 전철 안으로 꾸겨져 들어왔다.

그렇게 도착한 9호선의 어느 역. 아이들을 유치원과 어린이집에 넣고, 주민센터에 가서 전입신고를 한다고 서류를 내밀었더니, 직원이 인상을 쓰며 계약서에 거주 계약기간이 안 나왔다고 했다. 참, 저렇게 불친절한 동사무소 직원은 또 오랫만이다. 행복주택 계약서로 전입신고 하러 오신 분 없었냐고 물었더니, 이런 것은 처음이라며 나를 특이한 사람이라는 듯 보았다. 시간이 많이 지체되기는 했지만 해결을 하고 썩 유쾌하지 않았던 경험을 봉인하기로 했다.

내가 어리고 (적어도 어려 보이고) 가난해 보이는 (적어도 임대주택 계약서를 들고 온) 사람이 아니었다면 이렇게 대하지 않았을 텐데, 라는 생각이 스치긴 했지만 그런 피해의식을 곱씹으며 남을 원망할 시간이 아까웠다. 그 사람의 그릇은 그 사람에게 맡겨두고 나는 바쁜 이사 현장으로 복귀했다.

SH 임대주택에서 SH 임대주택으로 이사 가는 경우의 절차는 다음과 같다. 우리 같은 경우는 기존에 살던 국민임대 59형에서 짐이 거의 다 나왔을 무렵, 관할 SH 주거복지센터에 전화를 한다. 그러면 집을 점검하러 직원이 나온다. 집에 손상된 부분이 있으면 돈을 지불해야 보증금을 돌려받을 수 있다. 이번이 SH에서 받는 3번째 퇴거 점검이었지만, 역시! 물어내고 갈 것은 없다는 판정을 받았다. 나는 언제나 이사가 다시 발생할 수 있다는 판단 아래, 그리고 내가 돈을 내고 가는 것 이상으로, 다음에 그곳에 살 사람을 위해 최선을 다해 임대주택을 관리해왔다.

아마 그 집에 들어갈 가족은 진짜 대박일 것이다. ^^ 중문에 섀시에 도배에 실리콘 LED 조명까지 어떤 3자녀이 실지 미리 축하드린다. 마곡 국민임대 59형에 들어갈 때는 아무 의심없이 30년 살 것이라 생각해서 했던 것들이었다. 이번에 이사 올 때는 새 아파트 입주임에도 불구하고 뭔가 사고 싶은 마음을 꼭꼭 눌러담고 아무것도 사지 않고 들어왔다. 욕실 줄눈을 관리하기 어려워서 이번에는 하고 싶었는데, 욕실 하나만 해주러 출장 오는 곳이 없단다.

기존 집의 점검이 끝나면, SH 관할센터에서 보증금을 계약자 통장으로 보내준다. 그럼 퇴거가 끝난 것이다. 퇴거가 완전히 이루어진 다음에, 새로 가는 임대주택에 대한 입주 절차가 진행되어야 한다. 뭐, 그럴 일은 없겠지만 하루라도 임대주택을 2중으로 이용한 것처럼 서류가 남으면 퇴거까지 갈 수 있는 사안이기 때문에 주의를 기울일 필요가 있다. 그래서 새 집에 대한 대출이 있을 때 은행에서 SH로 보내는 시간을 내가 전화를 주고 난 이후로 정했다.

SH에 기존 임대주택 보증금 환급이 아직 안 됐는데, 새 집에 대출금이 잡히면 그쪽도 입주 절차로 간주되는 일을 방지하고자 함이었다. 예전에 천왕 같은 단지 내 이사를 할 때는 보증금을 돌려받지 않고 증액된 부분만 SH에 냈던 것 같다. 그리고 천왕에서 다른 지역으로 이동할 때는 천왕 쪽 SH센터에서 우리를 거치지 않고 바로 강서 SH센터로 돈을 보내준 적도 있다.

이번에는 10시 45분쯤 퇴거 확정을 받고, 11시에 새 집에 대한 대출을 입금시키고, 잔금을 보내고 11시 20분쯤 새 집에 대한 입주 확정을 받을 수 있었다. 이 시간이 왜 중요하냐면, SH는 점심시간이 정확하기 때문이다. 저번 이사 때는 11시가 넘어서 퇴거 확정을 받다 보니, 확인 절차 뭐시기 하면서 11시 반쯤 전화가 왔다. SH 퇴거 담당자가 식사를 가서서 퇴거 보증금을 1시 넘어서 입금해줄 수 있단다. 즉, 우리는 최소 1시에 다시 받아서 입금하고 확인하고 하다 보면 집 문을 열어서 이사를 시작할 수 있는 시간이 2시 정도가 되었다.

이럴 경우는, 별 일 아닐 수도 있지만, 이삿짐센터 분들이 기다려야 하니 그리 좋은 상황이 아닐 수도 있다. 그래서 이번에는 초스피드로 퇴거 확정을 받고 이사 들어오는 집도 바로 확인을 해줬다. SH센터에서 입금 확인증을 팩스로 보내줘야 한다는데, 쿨한 관리소 직원분이 전화로 확인하고 바로 열어주셨다. 텅 빈 새 집에 들어간 나는 벽에 기대 꾸벅꾸벅 졸고 있었다.

얼마 지나지 않아서 남편과 이삿짐센터 아저씨들이 도착했다. 아저씨들은 이사하기 너무 편하게 짐을 잘 정리해 놓으셨다고 칭찬을 아끼지 않으셨다. 내가 이사 와서 정리를 거의 안 해도 될 만큼 해놓기도 했지만, 옮기실 분들이 어떻게 하면 편하게 하실까 고민도 늘 하는 편이다. 그래서인지 우리 집은 이사한 당일, 모든 정리가 끝나고 원래 살던 집 형태를 갖추게 된다. 가끔 내가 이사하고 한 달이 지나서, "짐 정리 아직 안 됐지? 짐 정리 하느라 힘들겠다"라고 말씀하시는 분들이 계셔서 웃음 지을 때도 있다.

이제 이삿짐센터 아저씨들과 헤어질 시간이다. 반장님이 "방이 하나 줄긴 했네요"라고 해서 "네, 여기가 좀 더 작지요" 했더니 그래도 "여기가 훨씬 비쌀텐데요"라고 하신다. 그럼 마냥 웃어넘기면 된다. 웃고 마는 것은 여기가 자가라거나 비싼 전세금을 지불한 척하는 것은 아니다. 다만 모든 과정을 설명하기엔 너무 길고, 관심사가 아닐 수 있는 임대주택 이야기를 하는 것이 실례가 될 수 있다는 것도 알기 때문이다.

그렇게 이삿날의 해가 진다. 입주하는 아파트에서 첫날 할 일은 난방을 풀로 가동하는 일이다. 달궈지는 데는 시간이 소요된다. 그날은 35도에 맞추고 자니까 25도까지는 올라와줬다. 저번 집에는 중문을 달았었는데, 확실히 중문이 없으니 찬 기운이 돌아서 아쉬운 대로 커텐을 달았다. 나가는 D-day가 확실한 집에 돈을 쓸 정도로 호탕한 지갑은 아니기 때문이다.

참, 사람 마음이라는 것이 지난번 동네가 너무너무 좋아서 정말 평생 살고 싶었다. 내가 가진 경제력으로는 이 동네나 그 동네나 현재 구매 가능하지 않다는 것은 마찬가지지만 말이다. 평생 살고 싶고, 거기보다 좋은 곳은 없을 거라 믿기까지 했던 동네가 2~3일이 지난 지금 내 마음과 머리에 거의 남아 있지 않은 것은 나라는 인간이 너무 매정한 탓인지, 변화에 잘 적응하는 탓인지, 이곳이 너무 좋은 탓인지 알 수 없다.

이사 이후, 남편에게 뭐가 가장 좋냐고 물어보자. 비데가 있어서 변기가 따뜻한 게 좋단다.

참, 소박한 사람을 내가 데리고 산다. 이제 하루에 숨만 쉬어도 2만 원씩 나가는 집세를 내며 살게 되었다. 또 이렇게 자립의 면역성을 높이는 한 번의 스텝을 밟았다.

스테이시. 힘내보자. 인생의 또 다른 한 페이지를 써내려 갈 이곳에서. 프로 이사러, 14번째 이사를 마치며. 행복주택 입주 완료.

내 당첨 이력은 다음과 같다.

SH 장기안심제도(전세보증금지원형_무이자대출),

SH 국민임대 구로구 천왕1지구 이펜하우스 6단지 49형 일반 전형(공가),

SH 국민임대 구로구 천왕2지구 연지타운 1단지 49형 신혼우선(신규),

SH 장기전세 구로구 천왕2지구 연지타운 1단지 59형 일반 전형(공가),

SH 국민임대 강서구 마곡지구 마곡엠밸리 2단지 59형 일

반 전형(공가),

LH 국민임대 김포신도시 솔터 2단지 59형 예비자 모집(공가),

SH행복주택 서초구 반포 신혼부부우선(신규)

당첨까지 이르지는 못했지만 예비자 번호를 부여 받았던 적은 다음과 같다.

SH 장기전세 구로구 천왕1지구 이펜하우스 6단지 59형 일반 전형(공가)

SH 도시형 생활주택 서초 네이처힐 가든 79형 일반 전형(공가)

"이게 어떻게 가능하냐?"라는 질문이 있을 수 있다. "왜 임대주택을 이용하고 있으면서 또 신청을 했냐?"라는 공격도 있을 수 있다. 이 책을 여기까지 읽으신 분들은 내가 어떤 집이든 처음에는 진짜 되도록 오래 살려고 했다는 진심을 이해할 것이라 생각한다. 처음부터 이용할 마음이 없는데 신청만 하고 붙어서 다른 사람의 기회를 빼앗았다기보다는 시간 차 문제로 보는 게 더 적당한 것 같다. 이사를 준비할 때는 아직 어디든 확정된 것이 아니었기 때문에 여러 가지 루트를 다방면으로 뚫는 노력을 했다. 하나만 딱 신청해서 되는 사람도 물론 있겠지만, 예비 하나 된 것으로 만료기간이 있는 예비가 빠지기를 기다릴 사람이 있을까? 여튼 비슷한 시기에 신청해서 결과에 시간 차가 있다면, 한 제도는 이용하고 한 제도는 이용하지 않았던 것이다.

처음에는 국민임대 49형에서 방 3개 59형으로 옮기려는 시도 자체가 나 자신에게도 껄끄러웠다. 뭔 놈의 욕심인지 30년 된 원룸 아파트에서 살다가 궁궐 같은 새 아파트에 이사 왔는데, 태어난 둘째 성별이 다르다 보니 방 3개를 원하게 되었다. 개인적으로 만족할 줄 모르는 것 같아서 내 자신을 타박하기도 했고, 이미 임대주택을 이용하고 있으면서 또 신청하는 것에 사회적인 비난이 있을 수 있다고 생각하기도 했지만, 그때의 나는 둘 다 아니었다.

첫째, 살아 있는 인간은 욕구가 계속 변한다. 그것은 살아 있는 자의 특권이다. 그런 본능을 두고 왜 만족할 줄 모르냐고 한다면, 80점 정도면 괜찮은데 뭐하러 100점 맞으려 공부하느냐는 질문과 같다.

둘째, 만약 내가 잘 살던 임대주택에서 다른 임대주택에 당첨되어 이사를 간다면, 아직 아무 곳도 당첨되지 않은 사람 입장에서는 내가 그 기회를 뺏는 것처럼 느낄 수도 있다. 하지만 내가 살았던 곳의 예비자 입장에서는 내가 이사를 가면서 임대주택에 들어올 기회를 얻는 것이다. 내가 임대주택을 갈아타는 것이 누군가에게 도움이 될 수도 있다고 생각하니, 부담감을 벗어버릴 수 있었다.

내가 여러 번의 당첨을 경험한 것은 중복 당첨이라거나 골라가기라고 표현할 수 없다고 생각한다. 같은 제도 안에서는 분명 감점이라는 핸디캡을 안고 진행했고 그럼에도 불구하고 당첨이 된 것이기 때문이다.

아마 이 글을 읽으시는 분들도 나중에 어떤 임대주택에 당첨이 되어 살다 보면, 갈아타야 했던 내 심정을 이해하실지도 모르겠다.

장기전세 국민임대는 계약자가 재지원할 시 감점이 있다. 감점이 있다고 재당첨이 불가능하지는 않다. 전략이 필요할 뿐이다. 행복주택은 계약 후 같은 계층에 대한 재지원 자체가 불가능하니 한 번의 선택을 잘 활용해야 할 것 같다.

사실 행복주택은 현재의 임대주택 제도 중에 소득 제한이 가장 자유로운 편이라서, 행복주택에 입주하는 분들은 사실 다른 임대제도로 갈아타는 것이 어려울 것이라 생각된다. 내가 상담했던 가정 중에 시작할 때는 차상위 계층이어서 금방 당첨될 것 같았는데 시간이 조금 지나 부부가 맞벌이를 하게 되자, 국민임대 제한 소득이 넘었고 최근 행복주택 1차 신청 때에는 그 소득 제한 한도도 넘어가서 소명 불가를 받는 바람에 같이 안타까워 했던 적이 있다.

행복주택 소득 제한이 간당간당할 정도면, 임대주택

이용은 지금 접으시는 게 낫다. 사실 나도 일을 쉬면서 소득을 낮추려는 시도를 한 적이 있는데, 그 시도 자체가 좋은 결과를 얻지 못했고 나의 커리어에도 좋지 않았다. 임대주택에 입주하려고 일을 그만두는 것은 본인에게 장기적인 마이너스가 될 수 있으니 인생의 큰 그림을 그려보셨으면 좋겠다.

인생은 새옹지마이지 않은가. 내가 아는 분은 마곡지구 장기전세주택이 그렇게 되고 싶었는데, 안 되서 그냥 구입을 했고 지금 그분의 자산은 3배로 불었다. 인생을 누가 예측할 수 있겠는가. 임대주택이 당신이 그리는 인생 계획에 꼭 필요하면 올라타시고 아니면 스쳐 가는 것도 방법이다.

이 글을 읽으면서 갈아타기 팁 같은 걸 기대하셨을 수도 있다. 그런데 감점 받고 낮은 점수로 들이박은 것을 팁이라고 하기는 그렇다. 혹자는 내가 운이 너무 좋아서 넣는 것마다 당첨된 것이라고 하는데, 그런 운이 있다면 나도 이 책을 읽는 분들께 좀 나눠드리고 싶다. 단지, 저 만큼의 당첨이 되기까지 저기에 다 적지도 못한 많은 시도와 낙첨도 있었다는 것을 알고 가셨으면 좋겠다.

여기까지 읽고 있는 당신은 사랑하는 가족에게 따뜻한 집을 제공해주고 싶은 사람일 확률이 높을 것 같다. 한 가정이 행복해지는 데 아주 작은 도움이라도 될 수 있다면, 부족한 사람의 경험이라도 계속 나눠드리고 싶다.

에필로그

지금까지 '우리 집은 어디에' 프로젝트를 좌충우돌 진행하면서, 이 처절한 발버둥의 흔적을 글로 남겨야겠다는 생각을 갖게 되었다. 내가 경험한 이 과정들이 우리 집뿐만 아니라 대한민국에 사는 많은 가정들이 겪고 있는 이야기지만, 누구도 속 시원히 말하고 있지 못한 이야기라는 확신이 들었기 때문이다. 과연 나 같은 사람이 할 수 있을까 싶었는데, 늘 응원해주었던 아니 날 막지 못한 남편과 멘토가 되어주신 부모님, 가끔 브레이크를 걸어서 결과적으로 신중한 선택을 하게 도와준 '이상을 꿈꾸는 현실주의자' 동생까지 주변 가족의 도움이 참 컸던 것 같다. 그리고 가끔 내 옆에 와서 "엄마, 집을 잃어버린 아이가 우리 집은 어디 있지, 라고 찾아 다니는 동화야?"라고 물었던 아이들의 응원도 있었다.

사실, 이 책은 원고 투고 형태로 세상에 나오게 되었다. 이 글을 써놓고도 솔직히 한두 번 망설였던 것이 아니다. 제도를 만드는 입장에서 배포된 언론 자료로만 이야기되던 임대주택 제도의 현실을 실제 임대주택 이용자의 입장에서 말한다는 것, 그 출발선에 내가 서 있다는 것에 책임감과 두려움을 느끼기도 했다. 임대주택에 대한 거대한 편견이 아직도 남아 있는 현실에서 이를 공개적으로 이야기하는 내가 달걀로 바위를 치는 것이 아닐까라는 생각도 했다. 하지만 진정성을 위해서라도 내가 임대주택에 거주하고 있는 시점에 공개적으로 이야기해보기로 결심했다.

사람들은 주식이나 부동산에 투자하지 않으면, 재테크를 하고 있지 않은 바보라고 말한다. 그러나 그런 걸 몰라서가 아니라 차마 엄두도 나지 않는 사람들에게 작은 온기와 용기를 전하고 싶었다. 임대주택 제도를 잘 활용한다면,

적어도 돈을 지키는 재테크를 시작한 거라고 생각한다. 우리가 지키고 싶은 것이 처음부터 돈이었을까? 그 돈은 누구를 위해 얻고자 했던 걸까?

이 글을 쓰는 사이에 파트타임으로 일하던 곳에서 풀타임 제안을 받고 일을 하게 되었다. 풀타임 오퍼는 의미가 있었다. 내가 마곡 국민임대주택에 머물러 있지 않고 굳이 행복주택에 와서 월세를 내는 삶을 살아볼 결심을 한 것은 2년 뒤 내가 분양받은 집에 입주하면, 최소 월 80만 원은 고정으로 나갈텐데, 갑자기 매달 80만 원 지출이 생기는 건 가정 경제에 너무 큰 충격일 것 같아서였다. 행복주택에서 그보다 적은 월세를 내는 삶을 2년 정도 연습하고, 그 정도의 돈을 버는 방법과 수단을 미리 마련해 놓고 그 정도 규모를 굴리는 재정 관리법을 몸에 익히고 가야 분양받은 주택에서 빚 갚느라 허덕이는 삶을 살게 되지 않을 것 같아서였다.

다시 한 번 말하지만, 나는 언젠가 집값이 폭락할 거니까 집 사지 말고 임대주택을 이용하세요, 라고 말하고 있는 것이 절대 아니다. 그렇다고 내 집 마련이 인생의 목표입니다. 모두 달립시다! 라고 주장하는 것은 더더욱 아니다. 임대에서 더 좋은 임대로 갈아타세요, 라고 말하는 것도 아니다. 내 치부와 처참함이 부각되는 이 책을 자랑하려고 쓴 것도 아니다.

솔직히 남편은 그럴 일 없다고 했는데, 나는 콘텐츠가 팔려서 돈을 조금 벌면 임대주택 퇴거 당할까봐 겁냈던 쫄보였다. 사실 오래전부터 책을 낼 계획이 있었는데, 이제서야 이렇게 세상에 내놓는 것은 이제 재계약에 대한 월소득 압박이 없기 때문이다. 와. 내가 생각해도 너무 쫌생이다.

그럼에도 불구하고, 가정을 이루려고 준비하는 많은 신혼부부, 혹은 주거로 인해 좌절을 경험한 아이를 가진 엄마, 아빠들, 딸 아들이 집이 없어 걱정하고 계신 50~60대 부모님들께 이 책이 작은 도움이 되었으면 하는 바람을 가지고 세상에 내놓아 본다.

남편은 누가 임대주택에 관심 있냐며 핀잔을 주지만 나는 이 책의 주제를 한 번도 임대주택이라고 생각해본 적이 없다. 시작은 임대주택일 수 있지만, 이 나라에서 살아가는 모든 평범한 사람들의 삶의 애환에 대해 써내려간 책이라고 생각한다. 여기 '집'으로 이렇게 발버둥쳐 본 사람도 있어요. 그리고 아직도 발버둥치고 있어요, 라고 솔직히 고백하고 위로받고 싶기도 했다.

임대주택은 우리나라처럼 소득 대비 주거 비용이 너무 높은 나라에 꼭 필요한 제도이다. 하지만 이 책 전반에 드러나듯, 장단점이 확실한 제도이다. 모든 선택에는 대가가 따른다. 임대주택 이용은 어떤 관점에서는 자산 증식의 제약이지만, 경제 위기가 온다면 가장 안전한 현금 보관처가 될 수도 있다.

모든 사람은 소중하다. 주거 형태에 개의치 않고, 감사하며 노력하고 최선을 다해 살아가는 사람들이 아직도 많다. 그런 사람들에게 "뭘 열심히 살려고 하니 노력해도 뭔가 되기는 힘드니까, 그냥 지금처럼 살아", 라고 말하지 않았으면 좋겠다. 이런 나라도 "힘내! 좌절하지 않는 네가 멋진 걸" 하고 꼭 말해주고 싶었다. 그래서인지 나는 "응원합니다"라는 표현을 참 좋아한다.

인생 길게 보면, 돈 많다고 행복하다고 말할 수 없다는 것을 우리는 잘 알고 있다. 그러나 돈 많으면 행복해질 확률이 조금 높아진다는 것에 사람들은 목을 맨다. 많은 재산과 권력을 갖고 있는 분들이 그것을 지키기 위해 얼마나 많은 불법을 저질렀는가? 과연 그들이 가진 것이 자녀들에게도 떳떳할까? 내가 가진 것이 적든 많든 자녀에게 떳떳하다면 인생 참 잘 산 것 같다.

마지막으로 임대주택 제도를 선택하고 이미 이용하고 계신 분들께도 감히 한 말씀 나누고 싶은 게 있다. 우리가 누리고 있는 것이 국가의 예산이 사용된 혜택이라는 것을 잊지 말고, 일종의 사회적 책임감을 공유해 주신다면 좋겠다. 일시적인 도움받는 것을 지적하는 것이 아니라, 늘 도움만 받으려는 태도는 지양해야 한다는 것이다. 그리고 빌려 쓰는 집을 최대한 깨끗하게 잘 유지해 주셨으면 좋겠다. 내 것이 아니기에 더 아끼고 다음 사람을 생각해줘야 한다고 말씀드리고 싶다.

이 글을 읽고 저흰 대기업 부부인데요, 전 프리랜서인데요, 부모님이 사시는 집이 제 명의인데요, 등등 각자의 상황에 따른 질문이 생길 수도 있다. 그러나 책에 이미 쓴 것처럼, 모든 것에는 정답이 있는 게 아니다. 당장 공격적인 투자를 할 수 없는 사람이 적어도 돈을 지키는 재테크에 필요한 기본 재료와 철학을 내가 아는 한 이 책에 다 담아 놓았다. 그러니 어떤 길로 갈 것인지, 몇 번의 스텝과 점프가 필요한지, 어떤 포기와 선택이 필요한지는 자신이 선택해야 하고 책임을 져야 한다. 기왕 이 책을 집어 드셨으니 누가 길을 알려주길 바라지 말고 직접 길을 찾을 수 있는 능력을 기르고 다양한 경험을 꼭 하셨으면 좋겠다.

당신은 무엇을 가장 지키고 싶은가? 자존심? 명예? 돈? 집? 나에게는 우리 가족이다. 그래서 우리 집이 필요했다. 그러므로 나에게도 이 질문은 아직 마침표가 아니다.

우리 집은 어디에...

임대주택뿐 아니라, 모든 제도는 생물처럼 계속 변화한다.

음, 이건 좀 개선 여지가 있는데, 라고 생각하며 지켜보았던 것 중에 지난 몇 년간 보완된 것들이 있다. 그중에 큰 것 다섯 가지만 꼽아보았다.

1. 국민임대 서류제출 대상자가 서류를 등기로 제출할 때, 서류 미비나 미도착 등을 확인 문자로 안내하게 된 것
2. 신혼부부 전형에서 나이가 많은 순으로 당첨자를 선정했다가 다시 어린 사람 순으로 주었다가 작년에 점수 제도를 도입한 것

3. 국민임대 지구의 공가(빈집)를 단지별로 모집하는 것이
   아닌 지구별 같은 평형통합 모집을 시행한 것
4. 장기전세 59형 중 저렴한 물건들을 아예 국민임대 물건
   으로 돌려서 보증금을 낮춘 59형이 많이 공급된 것
5. 최근(2019년 2월) 발표된 서울시에 국민임대가 없는 자
   치구에 인접 자치구 1순위 자격을 주는 것

마지막 개정안이 시행된다면, 정말 큰 변화가 온 것이다!

내가 위에 언급한 변화들은 누군가에게는 기회가 넓어
지고 누군가에게는 기회가 좁아지는 것처럼 느껴질 수 있
기 때문에 쉽지 않은 지점들이긴 하지만, 이미 바뀐 것들
에 대해 이용자들은 어떻게 기회를 더 잘 살릴 수 있을까
하는 마인드로 더 생각하며 대처해보는 것이 좋겠다.

지금까지 거주하는 자치구에 국민임대주택이 없는 분
들께는 있는 자치구로 먼저 이사를 가시는 게 좋겠다는 이
야기를 해야 했는데, 이제 전략을 완전히 수정해야 할 시
기가 왔다. 이러한 변화가 제대로 홍보가 된다면, 지금까지
국민임대주택(50m² 이하/대략 21평)이 자치구에 없어서 늘
2순위였던 고득점 보유자들이 다음 모집 때 몰리게 될 테
니 아마도 다음 SH 국민임대 공고는 역대 최고의 가점 기
록이 나오지 않을까 예상한다.

사실 3자녀 이상 가정은 청약 24회를 넘기면, 자치구

와 상관없이 59형에서 1순위를 주었기 때문에 방법이 없지는 않았는데, 정말 임대주택이 절실한 2자녀 이하 유자녀 가정은 이번 변화로 집을 찾을 수 있는 기회가 조금은 넓어진 것 같아서 마음으로 응원하게 된다.

관악구는 서초구로 넘어갈 수 있게 되었고 금천구는 구로구로 영등포구는 양천, 강서구, 마포구로 갈 수 있다고 하는데, 서초구(서초 네이처힐), 강서구(마곡 엠밸리), 마포구(상암 월드컵파크) 등은 기존에도 많은 대기 수요가 있었던 곳임을 염두에 두고 계획을 세워보시길 바란다.

이제 3자녀 가정이 49형(방 2개)도 괜찮다면 국민임대에 들어가기가 아주 쉽게 된 것이다. 청약통장이 없어도 가능하게 되었다는 뜻이다.

국민임대 제도를 4년간 이용한 사람으로서, 정말 이 제도에 감사했고 여전히 고마워하고 있으며 이 제도를 통해 가정을 지켜가려고 마음 쏟는 모두를 진심으로 응원한다.

한눈에 보는
임대주택의 종류와 개요

대략적인 도표로 자신이 지원 가능한 유형을 알아보시고,
평형에 따른 정확한 소득 제한 등은 아래 사이트의 최근
공고를 통해 확인하시면 된다.

SH 도시주택공사	서울	https://www.i-sh.co.kr/main/index.do
LH	전국	https://apply.lh.or.kr/LH/index.html
경기도시공사	경기도	http://www.gico.or.kr/index.do
마이홈	전국	https://www.myhome.go.kr

임대주택의 종류와 개요

종류		소득 우선 순위	자산 부동산 차량 제한	이용 가능 기간	주력 평형과 보증금(예시)
영구임대		50%	있음	50년	25형 30형 (보증금 200만원/ 월세 5만원)
재개발임대		50%	있음	10년	36형 39형 (보증금 2,500만원/ 월세 15만원)
국민 임대	50 m² 미만	50%	있음	30년	39형 (보증금 3,000만원/ 월세 25만원) 49형 (보증금 4,000만원/ 월세 30만원)
	50 m² 이상	70%			59형 (보증금 6,000만원/ 월세 35만원)
장기 전세	건설형	70%	부동산 (21,550,000원 이하) 차량 제한 (2,799,000원 이하)	20년	59형/2억~5억 84형/3억~6억
	매입형	120%			
	일반 (85m² 초과)	150%			
	매입형 (강남/서초)	150%			
SH 행복 주택	건설형	100%	있음	6년~ 10년	26형 36형 (보증금 5,000만원~ 9,000만원/ 월세 40만원) 49형 59형 (보증금 9,000만원~ 1억9천만원/ 월세 40만원~ 70만원)
	매입형				
따복 하우스 (경기행복주택)		100%	있음	6년~ 10년	(지역별로 다름)
SH 공공임대 (주거환경임대주택)		70%	있음	20년	39형 49형 (보증금 1,000만원/ 월세 15만원)

뉴스테이 (공공지원 민간임대)		없음	없음	8년	주변 시세의 90%
10년/5년 공공임대		없음	없음	기간 후 분양 전환	보증금+월세형태 살다가 10년 후/5년 후 분양전환이 가능한 제도
장기 안심	일반	100%	부동산 자동차 제한	10년	전세금 무이자대출
	신혼	120%			
SH 매입임대		70%	총자산17,800만원 차량가액 제한	6년	시세의 30%~50%
SH 도시형 생활주택		50%	자산 자동차 제한	6년	주로 원룸 형태 보증금 2,500만원/ 월세 25만원
신혼희망타운 (분양)		120% (맞벌이 130%)	자산 제한 29,400만원	5년 실거주	46형 55형

※ 전세금액은 금융자산이고, 부동산가액에는 해당하지 않음
세대 자산 28,000만원, 차량 2,499만원, 부동산 21,550만원 이하('19년 기준)
※ 월세형 임대주택은 보증금을 올리고 월세를 내릴 수 있음
임대료의 60%까지 임대보증금으로 전환할 수 있으며, 현재 SH 전환이율은 연 6.7%
※ 월소득 제한이 있는 유형은 들어 갈 때 기준소득 초과시 재계약 때 할증이 발생하고,
기준소득의 50%이상 초과가 되면 퇴거 (행복주택은 월소득이 초과되도 할증으로 처리됨)

요즘 애들의 내 집 마련 프로젝트

우리 집은
어디에

지은이 | 스테이시

1판 1쇄 인쇄 | 2019년 5월 24일
1판 1쇄 발행 | 2019년 5월 31일

펴낸곳 | (주)지식노마드
펴낸이 | 김중현
디자인 | 제이알컴
등록번호 | 제313-2007-000148호
등록일자 | 2007. 7. 10

(04032) 서울특별시 마포구 양화로 133, 1201호(서교동, 서교타워)
전화 | 02) 323-1410
팩스 | 02) 6499-1411
홈페이지 | knomad.co.kr
이메일 | knomad@knomad.co.kr

값 15,800원

ISBN 979-11-87481-57-7 13320

이 도서의 국립중앙도서관 출판예정도서목록(CIP)은 서지정보유통지원시스템 홈페이지
(http://seoji.nl.go.kr)와 국가자료종합목록시스템(http://www.nl.go.kr/kolisnet)에서
이용하실 수 있습니다. (CIP제어번호: CIP2019016867)

* 잘못 만들어진 책은 구입하신 서점에서 교환해 드립니다.

우리
집은
어디에